한국의 재난현장 대응체계

– 문제점과 향후 과제 –

위 금 숙
백 민 호
권 건 주
양 기 근

도서출판 대영문화사

머리말

우리나라는 집중호우, 홍수, 태풍, 폭설 등 자연재난과 화재, 교통사고, 폭발 및 붕괴사고 등 인적 재난으로 많은 피해가 발생하고 있다.

근년에는 전 세계적으로 지구 온난화에 따른 기상이변으로 재난발생이 증가하는 상황 속에서 재난을 예측하고 적절히 대응하기에는 더욱더 힘들어지고 있는 것이 현실이다.

특히, 산업화·공업화에 따른 도시 지역으로의 인구 유입과 도시의 고밀화로 인하여 재난발생시 피해 규모는 점점 대형화, 복잡화 양상을 보이고 있다.

이처럼 재난환경의 변화 속에서 재난현장은 많은 인력과 장비가 동원되어 재난을 수습하여야 하는 상황 속에서 체계적이고 통합적인 현장지휘체계가 수립되지 못한다면 재난상황을 더욱더 악화시키고 국민의 생명과 재산을 지키지 못하는 문제로 확대될 수가 있다.

따라서 본서에서는 재난발생시 초기 대응기관이며 지역재난관리를 책임지는 기초자치단체를 대상으로 재난발생 현장에서의 초등대응을 함에 있어 기능의 중복과 미흡한 점 등의 문제점을 검토하였다.

또한 효율적인 재난대응활동을 위한 현장지휘체계를 수립하기 위한 개선방안을 제시하고자 태풍, 홍수 등으로 인해 대규모 피해를 경험하였던 지역 담당자에 대해 여러 가지 현안에 대한 인터뷰를 실시하였으며, 재난대응 현장지휘체계의 문제점 관련 문헌 분석, 인터넷을 통한 미디어 조사, 우리나라 재난대응관련 법·제도 및 계획 등을 분석하였다.

특히, 시사점 도출을 위해 선진 외국의 재난대응 조직, 역할, 계획 등을 조사하고 우리나라의 재난현장 지휘체계와 비교·분석 후 개선방안을 모색하였다.

본서가 복잡하고 다양한 양상을 띠는 재난현장의 여러 가지 문제점을 체계적인 단계까지 살펴보지는 못하였으나 우리나라 재난현장의 대응계획수립에 작으나마 참고자료로서 일조하기를 기대해 본다.

2009년 1월

공저자를 대신하여

위금숙 씀

차 례

표 | 차례

그림 | 차례

제1장

문제의 인식과 연구의 출발

1. 연구 목적 및 필요성

우리나라는 거의 매년 집중호우, 홍수, 태풍, 폭설 등 자연재해와 교통사고, 가스폭발사고, 건물붕괴사고 등의 인적재난 등으로 많은 피해를 입고 있다. 지구 온난화에 따른 기상이변은 점차 재난발생을 예측할 수 없게 하고 태풍의 세력을 키우고 있어 피해를 증가시키고 있다. 또한 안전보다는 경제적 성장 중심의 근대화를 한 우리나라는 산업화 이후 도시 지역으로의 인구 유입과 도시의 밀집화로 인하여 재난발생의 피해를 대형화하고 있다.

대형재난이 발생하면 재난현장에는 많은 기관의 인력과 장비가 동원되나, 체계적이며 통합적인 재난현장의 지휘체계가 수립되지 못하여 재난대응을 효율적으로 하는 데 많은 어려움이 있다.

재난대응에 대한 종합관리기능의 미비에 대한 비판의 예로는 2005년 3월 대구에서는 52명의 사상자를 낸 '수성구 목욕탕 폭발사고'에 대한 기사를 통해 알 수 있다.[1] 이 기사에서는 "그렇게 당해 놓고도 예전과 똑 같다니…" 이라는 제목 하에 수성구 목욕탕 폭발사고가 상인동 가스 폭발, 지하철 화재참사 등에 이은 사고였음에서도 재난관리는 예전과 마찬가지로 종합적인 관리가 되지 않았음을 지적하고 있다. 구청, 경찰, 소방서 등이 제각기 현장지휘소를 설치하고 대응하여 재난수습과정은 업무 중복과 혼선이 빚어졌다.

현장 지휘체계가 제대로 갖춰지지 않으면 각 대책반원들은 사고 초기 실종자・사망자 현황 등 공통사항을 중복해서 파악하느라 바쁘게 되고, 구조활동 진행사항, 현장수습, 피해현황, 향후 보상 등 사고관련 사항 등을 답해 줄 일원화된 창구를 제공하지 못하여 시민의 불만을 야기하게 된다.

효율적인 재난대응을 위해서는 필요한 인력과 장비의 보강, 교육・훈련 등 전문성 제고, 민간과의 협력체계 구축 등의 노력도 꾸준히 추진해야 되겠지만, 이보다 더 중요한 것은 재난현장에 동원된 인력과 자원을 가장 효과적으로 재난수습에 투입할 수 있도록 하는 현장의 지휘체계를 수립하는 데 있다.

재난대응은 재난으로 인한 인명과 재산피해를 최소화하고, 재난의 확산을 방지하며, 순조롭게 복구가 이루어질 수 있도록 하는 활동으로서, 재난대응에 실패하면 2차, 3차의 피해로 확산될 수 있기 때문에 재난관리 단계에서 재난대응은 매우 중요하다.

그간 우리나라 재난관리정책은 사후 복구 중심으로 치중되어 왔다는 비난 하에 사전 예방・대비를 위한 연구개발에도 어느 정도 예산을 확보하여 투입하고 있으나, 재난대응에 대한 심도 있는 연구는 여전히 미흡하다. 또한 재난관리에 대한 대부분의 연구는 중앙정부의 행정체계를

---

1) 매일신문 2005.9.3, http://www.imaeil.com/sub_news/sub_news_view.php?news_id=42104&yy=2005

중심으로 다루고 있다.

그러나 재난대응에 있어 중앙정부의 역할은 '지원'에 불과하다. 재난대응은 현장에서 이루어지고 있으므로 지역의 최소 행정단위인 기초 지방자치단체 중심에서 재난현장의 대응체계에 대한 연구가 필요하다.

본 연구의 목적은 재난발생시 재난현장에서 신속·원활한 재난대응을 위해 재난대응 지휘에 있어서의 문제점을 도출하고 이에 대한 개선방안을 제시하는 데 있다.

2. 연구범위 및 방법

가. 연구의 주요 내용

주요 연구 내용은 다음과 같다.

- 태풍, 홍수 등으로 인해 대규모 피해가 있었던 지역에서 재난대응 지휘체계에 있어 문제점을 조사한다.
- 재난대응기능에 대한 국내와 선진 외국에서의 정의를 살펴본다.
- 현장 중심의 기능적 통합관리가 가능하도록 유기적인 협조 및 정보공유 체계 등에 대해 살펴본다.
- 재난대응기능 수행에 있어 현장 재난관리의 책임기관인 기초자치단체와 긴급구조통제계획을 수립하고 집행하는 소방서의 기능에 중점을 두고 문제점을 파악한다.
- 법·제도나 조직체계, 재난대응기능, 계획 등에 있어 문제점을 파악하고 근본원인을 도출하여 그 개선방안을 제시한다.

나. 연구방법

연구방법으로는 다음과 같은 방법을 활용한다.

- 관련 논문 및 문헌 등을 대상으로 문헌 분석

- 인터넷을 통한 미디어 조사
- 우리나라 재난대응관련 법·제도 및 지침, 계획 등을 수집하여 조사·분석
- 선진사례 조사·분석 및 전문가 인터뷰
- 소방·행정·경찰·의료 등 담당자들에 대한 심층인터뷰 방법 등

3. 연구 내용과 관련된 국내외 연구 동향

대형재난이 발생하면 여러 유관기관 및 단체의 관계자들과 협조체계를 유지하면서 업무를 수행하여야 한다.

여러 관련기관 사이의 협조체계 미비로 인해 초기대응에 많은 문제점을 내포하고 있다. 지역 재난대응의 가장 근본적인 요소는 각 지역에서 발생할 수 있는 재난의 양상과 피해 규모, 피해자의 수와 피해유형 등에 대한 정보가 수집되어야 하며, 해당 지역 내에서 제공할 수 있는 의료자원의 범위를 파악하여야 한다.

대구광역시의 경우 재난재해 종합상황실을 운영하고 있으나 이에 대한 인지도가 매우 낮을 뿐만 아니라 재해관련 기관인 행정, 의료, 경찰, 소방이 통합된 체계가 아니어서 재해신고를 접수한 기관 외에는 여타 관련 기관 및 단체가 신속하게 재해발생 사실과 상황을 알기는 어려운 실정으로 초기대응의 시간적 지연을 초래할 수 있다(박정배, 2004).

행정, 경찰, 소방, 의료의 통합상황실 운영 부재와 신속한 재해상황 전파체계 확립의 미흡, 재난대응관련 유관기관 및 단체들의 실질적 참여가 담보되면서 실제 상황에 적용 가능한 재해훈련과 훈련 참여기회의 부족, 재난현장과 응급의료기관 사이의 연계성 미흡, 재난대비 장비 및 물품의 비축 혹은 활용의 미흡 등이 문제점으로 지적되고 있다.

특히 응급의료와 관련해서는 재해대책에 대한 의료진의 낮은 인지도,

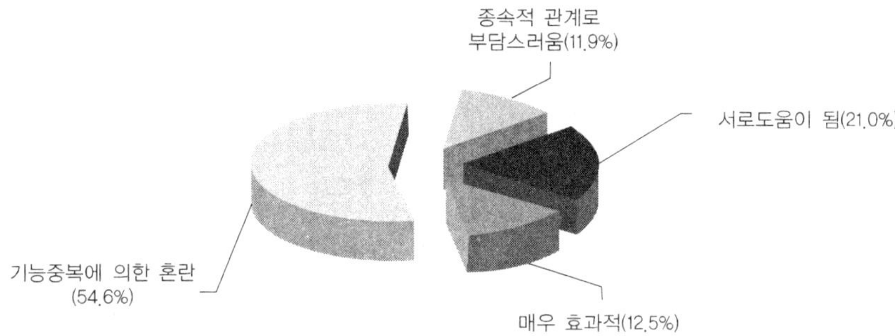

[그림 1-1] 통제단과 대책본부의 역할

현장 응급의료 지휘체계의 부재 혹은 미흡, 응급의료기관의 시설, 인력, 장비에 대한 실시간 정보체계의 부재 등이 문제점으로 지적되고 있다.

강원 속초소방서장, 경기 안양소방서장, 서울시 도봉소방서장, 충남 아산소방서장 등이 제1기 소방정책관리자반에서 발표한 자료에 의하면, 2004. 6. 1일 소방방재청이 재난관리전담기구로 출범하였으나 여전히 현장 대응체계에는 문제점이 많이 있으며, 특히 재난대응 중심기관인 소방관서에서 재난에 대한 대응이 현장 지휘관의 임기응변으로 이루어지는 등 문제점이 많음을 지적하고 있다(김국현, 2006).

105개 기관 371명 실무자를 대상으로 설문조사한 결과에 따르면, 긴급구조통제단과 재난안전대책본부의 역할에 대한 의견으로 소방기관에서는 기능 중복에 의한 혼란이 54.6%, 종속적 관계로 부담스러움이 11.9%에 이르는 등 부정적인 의견이 지배적이었다.

통제단과 통합지휘권 수행 미흡의 원인에 대한 유관기관의 답은 재난안전대책본부와의 기능중복이 35.0%, 법상 강제성 부족이 29.3% 등이었다.

특히 재난상황실을 소방서와 시군구에서 개별적으로 구축 중인데, 유관기관은 재난상황실을 통합해야 한다는 의견이 지배적(71.4%)이었다.

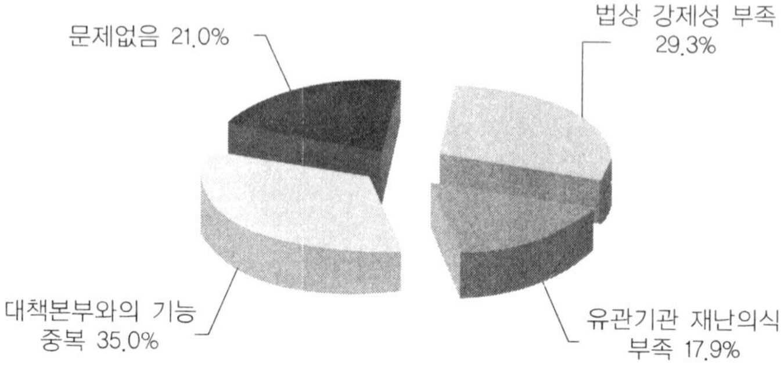

[그림 1-2] 통제단의 통합지휘권 수행미흡 원인

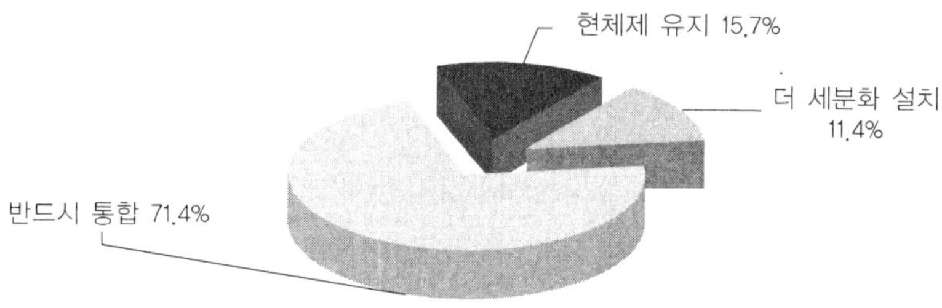

[그림 1-3] 재난상황통합에 대한 견해

재난상황실을 개별적으로 운영하게 되면 재난정보를 수집·분석하는 활동이 중복되고, 정보 전파 내용이 상이할 경우 심각한 혼란을 초래할 수 있음을 문제점으로 지적하고 있다.

현재 재난 및 안전관리 기본법 제16조에서는 해당 관할구역 안에서 재난의 예방·대비·대응·복구 등에 관한 사항을 총괄·조정하고 필요한 조치를 하기 위하여 지역재난안전대책본부를 두도록 되어 있다. 이때 지역재난안전대책본부장이 자치단체의 장이 된다.

본 연구의 목적은 기초 지역 차원에서 기초자치단체가 명실상부한 재난 총괄·조정 역할을 하기 위해 지휘체계가 법·제도적으로 제대로 마련되어 있는지와 실제 운영상 문제점을 진단하여 대응활동의 중복기능과 미흡한 점 등 문제점을 도출하여 효율적인 재난대응활동을 위한 지휘체계를 수립하도록 개선방안을 찾고자 하는 데 있다.

「재난 및 안전관리 기본법」에 의하면 인명피해 재난현장에서의 긴급구조활동 지휘는 대부분 지역 긴급구조통제단인 소방서장(시 · 군 · 구) 및 소방본부장(시 · 도)에 의해 이루어진다. 하지만 필요한 경우에는 지역재난안전대책본부장인 시장 · 군수 · 구청장 및 시 · 도지자가 직접 현장지휘를 할 수 있다. 대형 재난시에는 재난현장에 현장지휘소를 설치하고 있으며, 이곳 재난현장에 동원된 각 기관들은 연락관을 파견하게 된다. 그러나 경찰, 군부대, 의료기관, 전기 · 가스 관계기관, 민간구조대 등 재난현장에 동원된 기관의 책임자는 각 기관별 자체 지휘소에 있고 현장지휘소에는 연락관만 파견하고 있다. 그러다 보니 유관기관간 긴급구조 범위 조정 및 업무 협조시 소속기관에 대한 의사결정권이 없는 낮은 지위의 연락관이 대책회의에 참여하게 된다. 그러나 이들은 중요한 결정을 바로 내리지 못하게 되어 신속한 공조체제를 구축하지 못한다. 결국 효율적인 현장지휘체계의 성립 자체를 무의미하게 만든다.

예를 들면, 대형 산불의 경우 재난현장이 광범위하고 산불 확산 속도가 빨라 현장지휘소를 설치하기가 매우 어렵고 통합지휘가 곤란하다. 대형 산불시 지휘체계는 발생 장소에 따라 국유림은 국유림관리소장 또는 지방산림관리청장이 담당한다. 공유림은 시장 · 군수 또는 시 · 도지사가 담당하도록 이원화되어 있다. 이로 인하여 진화작업에 자치단체, 지방산림관리청, 소방, 군부대, 경찰 등 많은 기관이 참여하고 있으나 이질적인 여러 기관들을 일사불란하게 지휘할 수 있는 통합지휘체계가 확립되지 못하고 있다. 기관들이 제각기 진화에 나서 효과적인 지휘를 어렵게 하고 있는 것이다.

현장 응급의료체계 또한 문제점이 많다. 현장 응급의료체계란 적정

규모의 지역 내에서 응급상황 발생시 효과적으로 신속하게 의료서비스를 제공하기 위하여 인력 · 시설 · 장비를 배치하는 조직체계를 말한다. 재난현장에서의 응급의료체계는 소방관서의 119구급대와 보건소, 사단법인 한국인명구조단에서 유료로 운영하는 129응급구조대, 병원구급차, 경찰순찰차, 사고현장 인근차량 등을 중심으로 운영되고 있다. 하지만 응급의료체계가 다원화되어 있어 구조적으로 통제와 조정이 취약하며 응급의료 관련기관간의 연계성도 미약하다.

현재 대부분의 사고현장에서는 소방의 119구급대가 주로 응급의료활동을 전담하고 있는 실정이다. 그러나 다수의 환자가 발생하는 대형 재난현장에서는 소방의 119구급대만으로는 현장 응급의료활동을 감당할 수가 없다. 이때는 지역 보건소장을 중심으로 하는 현장 응급의료소를 설치하여 운영하게 된다. 재난현장에서는 인명구조와 부상자에 대한 응급처치가 동시에 이루어져야 한다.

그러나 구조현장에는 소방, 경찰, 군인 등이 활동하는 데 비해 현장 응급의료소에는 대부분 여성공무원인 보건소 직원들로 편성됨에 따라 위험한 구조현장에의 진입이 어려운 현실적 문제가 많다. 이들은 구조대원들이 부상자를 구조하여 응급의료소에 데려온 후에야 비로소 응급처치를 시작하는 문제점이 있다.

또한 재난의 규모에 관계없이 현장 응급의료소장을 지역 보건소장으로 정형화함으로써 사상자가 많을 경우 보건소장의 지휘만으로는 응급환자를 분류 · 처치 · 이송한다는 것이 매우 어렵다. 재난발생의 예측 불가능성과 신속한 수습을 요하는 재난의 특수성을 감안할 때 보건소장 및 보건소 직원들의 신속한 현장출동과 임무수행을 기대하기는 어려운 일이다. 그리고 현장 응급의료소에서는 부상자를 부상 정도에 따라 중증도 분류를 하고 이에 맞는 치료와 이송이 단계적으로 이루어져야 한다. 그러나 현장에서 중증도 분류가 제대로 이행되지 않고 적절한 응급처치도 하지 않은 상태에서 마구잡이로 병원 이송이 이루어지고 있는 실정이다.

이러한 현장 지휘체계에 대한 문제점은 기존의 선행 연구들에서도 잘 드러나고 있다. 즉, 안중석(2004)은 우리나라 재난관리 대응에서의 현장 지휘체계의 문제점으로 다음을 들고 있다. 첫째, 재난현장에는 많은 기관들이 동원되고 있으나 조직 · 구조가 다르고 사용하는 용어 · 장비 · 통신수단 등이 달라 조직 상호간 이질감과 비연계성으로 기관별 협조체계가 미흡하고, 둘째, 대형재난 발생시 현장 지휘본부가 여러 기관별로 분산되어 있어 일사불란한 현장지휘가 어렵고, 셋째, 재난현장 응급의료 기관간 통제와 조정이 어렵고 연계성이 미약하여 효율적인 응급의료체계가 이루어지지 않고 있다는 것이다.

그는 이러한 문제점을 개선하기 위한 방안으로 첫째, 이질적 기관들이 재난현장에서 유기적인 협조가 이루어질 수 있도록 재난정보를 공유하고 원활한 의사소통을 위한 재난전용통신망을 조속히 확보하여야 하며, 둘째, 합리적인 재난대응을 위해서는 현장지휘자를 중심으로 타 기관들과의 관계를 수평적 구조로 운영하여 재난현장의 통합지휘권을 확보하여야 할 것이며, 셋째, 현장 응급의료소를 119구급대로 개편하여 기동성을 확보하고 응급의료기관에 대한 통제강화로 혼란을 방지해야 한다는 점을 들고 있다.

이기옥(1999)은 「재난현장의 효과적 지휘체계」라는 석사학위논문에서 삼풍백화점 붕괴사고 이후 법령개정 등을 통해 재난현장에서의 유기적인 수습활동을 개선해 오고 있지만, 여전히 제도상의 지휘체계 변경만으로는 효율적인 지휘체계가 재난현장에서 정상적으로 가동되리라 보기 어렵다고 하면서, 재난수습에 적합한 통신망이 구축되어야 하며 재난현장을 총괄하는 통제관인 소방관서장이 동원된 인력과 장비에 대하여 보다 확고한 지휘권을 확립할 수 있도록 통제관의 역할을 강화하는 방안을 제시하였다.

4. 책의 구성

먼저, 제1장에서는 본서를 집필하게 된 문제인식과 관련된 내용으로서 재난현장 지휘체계의 문제점을 살펴보고, 이를 해결하기 위한 연구의 방법과 국내·외의 연구동향 등을 다룬다. 즉, 연구문제와 연구방법 및 연구의 동향을 제시한다. 제2장은 재난현장 대응체계의 일반론으로써 재난 및 재난관리의 개념, 재난대응의 중요성, 재난대응체계의 특성과 구조, 재난대응체계의 형태와 구조적 원리 그리고 관련 선행연구 등에 대해 기술한다. 제3장에서는 우리나라의 지역재난 대응체계의 현황을 조직적 측면, 매뉴얼 측면, 정보시스템의 측면에서 본다. 제4장에서는 선진국의 지역재난 대응체계를 미국과 일본을 중심으로 살펴본다. 끝으로 제5장은 우리나라의 재난현장 대응체계의 문제점과 향후 과제를 중심으로 논의하고 있다.

제2장

재난현장 대응체계의 일반론

1. 재난의 개념

재난의 개념은 매우 다양하게 정의되기도 하나, 미 연방재난관리청(Federal Emergency Management Agency: FEMA)은 "재난이란 통상 사망과 상해, 재산피해를 가져오고 또한 일상적인 절차나 정부의 자원으로는 관리할 수 없는 심각하고 규모가 큰 사건으로 이러한 사건은 보통 돌발적으로 일어나기 때문에 정부와 민간 부문 조직이 인간의 기본적 수요를 충족시키고 복구를 신속하게 하고자 할 때 즉각적이고 체계적으로 효과적인 대처를 하여야 하는 사건"으로 규정하고 있다.[1)]

재난은 사회적 영향력의 정도에 있어서 단순한 재해와는 구별된다. Fritz(1961)는 "재난은 어떤 사회나 비교적 자족적인 사회조직에 심대한 피해를 입혀서 그 사회구성원이나 물리적 시설의 손실로 인해 사회구조가 교란되고 그 사회의 본질적인 기능수행이 장애를 받게 되는 사건으

1) http://www.fema.gov.

로서, 우연적이거나 통제 불가능하며 시・공간상에 집중적으로 나타나는, 실제적 또는 위협적 사건"으로 정의하며, Kreps(1986)는 "재난이란 사회나 그 구성조직이 물리적 피해나 손실 또는 일상적 기능의 장애를 받게 되는, 시・공간상에서 관측 가능한 사건으로서, 이러한 사건의 원인과 영향은 사회구조와 사회의 작동과정에 관련 된다."고 설명하였다.

또한 유엔기구들은 재난이란 "사회의 기본조직 및 정상기능을 와해시키는 갑작스런 사건이나 큰 재해로서 재해의 영향을 받는 사회가 외부의 도움없이 극복할 수 없고, 정상적인 능력으로 처리할 수 있는 범위를 벗어나는 재산, 사회간접시설, 생활수단의 피해를 일으키는 단일 또는 일련의 사건"으로 정의하고 있다.[2] 이와 같이 재난은 피해의 정도와 규모가 일정수준을 넘어서 사회적 의미를 갖게 되는 재해의 경우를 지칭한다고 볼 수 있다. 재난발생의 추이는 과거의 자연적 요인 위주에서 점차 기술적 요인이 증가하고 있으며, 재산피해보다는 인명피해와 이차적인 영향에 의한 사회적 피해가 심각해지고 있다. 자연재난(natural disasters)은 지진, 화산폭발, 산사태, 눈, 태풍, 가뭄 등 자연현상에 기인한 재해를 말한다.

2. 재난관리의 개념

「재난 및 안전관리 기본법」에서는 재난관리를 재난의 예방, 대비, 대응 및 복구를 위하여 행하는 모든 활동이라고 정의하고 있다(동법 §2). 이처럼 재난관리체계는 재난의 예방, 대비, 대응 및 복구와 관련된 정책들을 개발하고 집행하는 단계들로 구성되어 있다(Petak, 1985: 3; 이재은, 1998: 231; 류상일, 2007: 17-20).

---

2) 유엔개발계획(UNDP)과 유엔재해구호기구(UNCRD)의 재난정의는 http://www.undp.org 참고.

재난의 예방(mitigation)이란 사회의 건강, 안전 및 복지에 대한 위험이 존재하는 영역에서 무엇을 해야 할 것인지를 결정하고, 위험 감소를 위한 노력을 하는 단계이다. 재난의 대비(preparedness)는 재난대응을 위해 사전에 운영 능력을 개발하는 활동이다. 즉, 대비단계는 재난의 대응시 필요한 중요 자원들을 미리 확인하고 지역 내외에 있는 대응기관들의 협조 동의를 구하고 기능조정을 하며, 재난손실과 인명구조 활동가를 훈련시킬 뿐만 아니라 대응계획개발 등의 기능을 수행한다. 재난의 대응(response)은 재난발생시 위기관리 기관이 수행하여야 할 각종 임무 및 기능을 실제 적용하는 과정이면서 또한 제2의 손실발생 가능성을 감소시킴으로써 복구단계에서 발생 가능한 문제들을 최소화시키는 재난관리의 실제 활동 국면이다. 그리고 재난의 복구(recovery)는 재난이 발생한 후부터 피해 지역이 원상으로 회복되는 장기적인 과정이자 초기 회복기간으로부터 해당 지역이 정상 상태로 돌아올 때까지 지원을 제공하는 지속적 과정이다.

이제 재난발생시 효율적인 현장지휘체계와 가장 관련이 깊은 재난대응에 대하여 좀더 자세하게 살펴보자. Petak(1985: 3)은 재난대응을 "제2의 손실발생 가능성을 감소시킴으로써 복구단계에서 발생 가능한 문제들을 최소화시키는 재난관리의 실제 활동 국면"이라고 하였다. 황윤원(1989: 156)은 "돌발사고의 발생 직전·중·후에 취하는 활동들을 포함하는 국면으로서, 인명구조, 재산피해의 최소화 혹은 복구를 촉진시킬 수 있는 제반 행정활동들을 갖게 되는데, 그 예로써 긴급대피 계획의 실천, 공중에의 긴급한 명령 및 지시, 구급 의료시설, 피해자 보호, 피난처 제공, 대비·구조 및 탐색 등"으로 설명하고 있다. 정윤수(1994: 70)는 "재난대응 단계에서는 이전에 세워 놓았던 비상계획이 실행되며, 응급의료체계가 가동되고, 재해대책본부와 같은 비상기구가 작동되는데, 구체적인 비상대응활동으로는 재해현장에서의 수색과 구조, 피해 지역의

▶ 표 2-1 ◀ 재난대응체계에 대한 견해

학자(연구년도)	정 의
이재은(1998)	· 재난발생시 재난관리 기관이 수행하여야 할 각종 임무 및 기능을 실제 적용하는 과정
정윤수(1994)	· 이전에 세워 놓았던 비상계획이 실행되며, 응급의료체계가 가동되고, 재해대책본부와 같은 비상기구가 작동되는 단계
황윤원(1989)	· 돌발사고의 발생 직전·중·후에 취하는 활동들을 포함하는 국민으로서, 인명구조, 재산피해의 최소화 혹은 복구를 촉진시킬 수 있는 제반 행정활동들을 가짐
Perry(1991)	· 불확실성, 긴급성, 집중성, 비상심리, 주민역할변화, 계약과 일반적인 관계의 붕괴나 약화를 특징으로 하는 국면
Petak(1985)	· 제2의 손실 발생가능성을 감소시킴으로써, 복구단계에서 발생 가능한 문제들을 최소화시키는 재난관리의 실제 활동 국면

자료: 류상일(2007: 20).

안전 확보, 필요한 경우 주민의 소개, 응급의료, 구호품의 보급, 비상대피소 설치 등"을 들고 있다. 그리고 이재은(1998: 232)은 "재난대응은 재난발생시 재난관리 기관이 수행하여야 할 각종 임무 및 기능을 실제 적용하는 과정"이라고 하였다.

이처럼 재난대응은 불확실성(uncertainty), 긴급성(urgency), 집중성(convergence), 비상심리(emergency consensus), 주민 역할변화, 계약과 일반적인 관계의 붕괴나 약화를 특징으로 하는 국면이다(Perry, 1991: 201). 불확실성은 재난의 강도와 종류, 결과 등에 따른 불확실함도 있지만, 새로운 대응조건을 구성하고 활동해야 하는데서 오는 불확실성은 궁극적으로 대응의 긴급성에서 기인한다. 집중성은 대응 및 지원활동이 현장에 집중되는 현상을 말하고, 비상심리는 재난발생시 인명과 재산 보호라는 공감대가 쉽게 형성되며 신속히 의사결정이 되는 것을 의미한다. 주민 역할변화는 주민을 결속시켜 재난대응을 도우며, 정부에 평상시보다 강력한 조치와 리더십을 요구하게 된다. 또한 비상조치를 통해 개인의 행위와 재산에 강제력을 발동하는 등 평시의 계약과 일반적인 관계가 크게 약화된다(Wolensky and Miller, 1981: 483-504).

이러한 재난대응단계를 관리하기 위해서는 대응단계에서 무엇이 문제인가를 파악하는 것이 가장 중요하다. 일반적으로 재난대응조직의 주요한 임무는 인명을 보호하고 피해의 확산을 막기 위한 것이므로 대응조직은 재난에 적절히 대응할 수 있는 지식(knowledge), 기술(skill), 능력(ability)을 갖추어야 한다(Siegel, 1985: 107-117). 그러나 통상 재난대응단계에서 관할권 분쟁, 표준절차의 부재, 대응기관의 다양성, 각기 분산된 대응활동이 문제점으로 지적된다(Drabek, 1985: 85-86).

3. 재난대응의 중요성

재난의 예방 · 대비 · 대응 · 복구의 과정이 보다 과학적이고 효과적으로 이루어지도록 하기 위해서는 행정적 · 전문적인 관리가 필요하다. 특히 재난시에는 피해자가 수십 명에서 수백 명까지 일시에 발생하는 반면에 제한된 인원과 장비로 재난수습 및 구조 · 구급업무를 수행해야 하므로 체계적인 재난대응체제가 확립되어야 한다. 또한 재난으로 인한 전기 · 통신시설, 수도공급, 도로망, 의료시설 등이 파괴되어 기존 재난대응능력이 저하되므로 치밀한 대응대책과 훈련이 요구된다. 국가의 잠재력은 1인당 배분받을 수 있는 자연자원의 양에 비례한다는 물리적 측면도 중요하지만 국민 개개인이 각종 사고나 재난시 생명의 위험으로부터 상담 · 구조 · 이송 및 진료 등의 조치를 얼마나 신속히 접할 수 있느냐 하는 응급 의료적 역량에 의하여 평가된다.

정책적 측면에서 재난관리의 중요성을 보면 재난관리 중에서 복구관리를 들 수 있는데 복구관리는 일종의 배분적 성격을 가진다. 복구관리는 투자되는 막대한 재원이 어떤 기준에 의하여 어디에 누구에게 그 혜택이 돌아가느냐는 측면은 가치의 권위적 배분이라는 점에서 정책적 중요성이 높다. 모든 국민에게 보다 안전하고 쾌적한 생활공간을 제공할 수 있다는 복지 차원에서도 중요성을 찾을 수 있다. 따라서 선진국가로 접어들기 위한 사회적 · 행정적 조건으로 선진국과 같은 신속한 재난대응체계가 갖추어져야 한다(이승기, 2000: 17-18).

4. 재난대응체계의 특성과 구조

가. 재난대응체계의 특성

재난발생시 재난관리 기관이 수행하여야 할 각종 임무 및 기능을 실제 적용하는 과정인 재난대응체계에서는 관할권 분쟁, 표준절차의 부재, 대응기관의 다양성, 각기 분산된 대응활동이 문제점으로 지적되고 있다. 이는 재난대응체계의 특성에 주로 기인하는데, 재난대응체계의 특성에 대해 이재은 외(2006)는 해결의 어려움, 돌발성, 대상의 광범위성, 반복성, 시 · 공간의 무제약성, 발생원인의 복잡성 등을 들고 있고, 채경석(2004)은 공공재, 경제성 · 가외성, 결과 위주, 현장 위주, 불확실성, 상호작용성, 복잡성, 누적성 등을 제시하고 있다. Perry(1991)는 불확실성(uncertainty), 긴급성(urgency), 집중성(convergence), 비상심리(emergency consensus), 주민 역할변화, 계약과 일반적인 관계의 붕괴나 약화 등을 재난대응체계의 특징으로 제시한다. 따라서 이러한 재난대응체계의 특성을 이해하는 것은 재난현장지휘체계를 수립하는 데 있어 필수적이다.

나. 재난대응체계의 구조

(1) 복잡 · 연계성

재난대응체계는 자연적 · 인위적 재난에 대응하기 위하여 존재하는 하나의 네트워크로서 구성요소들간의 연계관계를 통하여 재난대응기능을 수행한다.

이러한 네트워크체계는 정부간 관계(intergovernmental relations)를 포함할 뿐 아니라, 이질적 분야의 조직들(interdisciplinary organizations)이 관여된다. 즉, 지방정부, 때로는 국제기구와 적십자사 등의 비정부조직(NGOs: Non Governmental Organizations) 그리고 군인, 경찰, 토목 및 건설, 응급의료 서비스 등 이질적 분야의 조직들이 관여한다(강찬곤, 1999: 24).

따라서 재난대응의 완전한 조직은 그 전체가 어떤 정점을 중심으로 완전히 계층화되기는 불가능하다. 왜냐하면 중심대응조직에 지원 또는 통합되는 각 기능별 지원조직은 각각의 계층제를 가지고 있으며 대응활동에 참가하는 구성원은 민간인에서 기술자, 전문 관료 등 다양성을 띠고 있기 때문이다.

이러한 복잡성과 연계성의 특징과 관련하여 재난대응 과정에서 여러 구성원들간의 신속한 정보의 교환, 상호협조 조정 및 지휘통솔이 매우 중요한 과제이다.

(2) 체제경계의 유동성

재난대응체계의 경계(境界)는 매우 유동적이다. 재난발생 이전과 비교할 때 재난발생 이후 단계에서 그 영역이 대폭 확장된다. 예방단계와는 달리 재난발생 이후에는 정책결정 뿐만 아니라 정책집행도 복수의 기관이 협력하여 이루어진다. 그러므로 재난대응체계의 전체 구성원들은 단일의 상관이 아니라 여러 명의 직속상관 또는 기관을 갖는 반격자(semilattice) 형태의 조직구조를 가진다. 사후관리를 위해 경계가 크게 확장된 재난대응체계는 목적이 완료됨과 동시에 경계가 축소되어 팀(team)이 해체되거나 구성원들이 본래의 조직이나 집단으로 돌아가므로 그 존속기간이 잠정적인 프로젝트 조직의 성격도 가지고 있다.

(3) 가외성(加外性)

재난대응체계가 담당하여야 할 업무의 환경은 불확실성의 상황이 지배하고 있으므로 재난대응체계의 활동과 제반업무는 일반 행정조직에 적용되는 경제적 능률성의 논리와는 대립되는 경계성(alertness)의 원리에 따라 계획되고 평가되어야 하며 상당한 정도의 가외성[3](redundancy)이 확보되어야 한다(비상기획위원회, 1997).

(4) 일상적 대응능력의 열세(劣勢)

재난은 그 규모면에서 극히 탄력적이다. 수명의 사상자만 존재하는 소규모 사고에서부터 수백, 수천명의 사상자와 수천억원의 재산피해를 발생시키는 대형 재난에 이르기까지 그 규모는 예측하기 어렵다. 대규모의 재난시에는 항상 일상적 대응능력(소방과 같은 상설대응조직)의 열세성을 띤다. 이 경우 상설적 대응조직은 관련 기능을 가진 주변 자원을 임시로 보충·통합하여 대응하는 임시적 성격을 띤다. 이러한 특성 때문에 재난대응체계에 있어 대응계획과 훈련의 중요성이 강조된다(유충, 2001: 33).

5. 재난대응체계의 형태

분산되어 있던 재난관리 조직은 2003년 2월 18일의 대구지하철 화재사고를 계기로 재난관리 대응능력과 수습체계에 대한 많은 문제점을 노

---

3) 가외성이란 여러 기관에 한 가지 기능이 혼합되는 중첩성(overlapping)과 동일 기능이 여러 기관에서 독립적으로 수행되는 중복성(duplication) 등을 포괄하는 개념을 말한다. 정치·행정상의 모든 제도는 불확실한 상황에서의 오류 발생 가능성을 최소화하고 체제의 신뢰성과 적응성을 높이기 위해 이러한 가외적 기능의 원칙(principle of redundant functions)에 의해 형성된다. 권력분립·견제와 균형·연방주의·거부권제도·계선과 참모·3심제도·양원제·합의제·위원회제도 등은 모두 가외성 현상의 반영으로 볼 수 있다.

출하였다. 이에 참여정부는 재난의 통합관리를 위하여 자연재해와 인적 재난으로 구분되어 있던 기존의 자연재해대책법과 재난관리법을 2004년 3월 11일 재난 및 안전관리 기본법으로 통합 제정하였다. 이와 함께 2004년 3월 11일 정부조직법 개정에 따라 소방, 방재, 민방위 운영 및 안전관리에 관한 사무를 통합관리하기 위하여 중앙정부 조직인 소방방재청이 2004년 6월 1일 개청되었고, 또한 2005년 상반기부터 지방정부의 과(課) 단위 조직으로 재난관리조직을 구성하여 운영하여 오고 있다.

하지만 새롭게 조직된 지방정부의 재난관리조직은 지방정부 스스로가 주체적이고 주도적으로 조직을 진단하여 신설한 것이 아니라 중앙정부의 지침에 의해 피동적으로 설치한 관계로 1995년에 이미 존재했었던 재난관리과와 비슷한 조직이 되고 말았다(권건주, 2005: 80)는 평가가 일반적이다. 상황이 이러하다 보니 재난현장에서 가장 중요한 요인 중 하나인 현장 지휘체계 또한 명확하게 정립되어 있지 못하다.

재난을 관리하는 방식은 크게 두 가지로 나누어 볼 수 있다(한상대, 2004: 17-18; 채경석, 2004: 39-40). 하나는 재난의 종류에 따라서 각 부처별로 분산하여 관리하는 유형별 관리 방식이며, 다른 하나는 통합된 하나의 기관을 설립하여 모든 재난을 통합관리하는 방식이다. 재난대응 시의 현장 지휘의 문제도 이러한 논리가 적용될 수 있을 것이므로 이하에서는 먼저, 재난대응기능의 분산대응기능과 통합대응기능에 대해 살펴본다.

가. 분산대응기능

재난대응의 분산대응체계는 재난의 발생 유형에 따라 소관부처별로 책임을 분산시키는 재난대응체계이다. 전통적 재난관리제도는 유형별 재난의 특징성을 강조하는 것에서부터 시작되었다. 이것은 1930년대 전통적 조직이론의 등장과 함께 합리성을 목표로 하는 조직이 전문화의 원리를 택하도록 하는 행정이론적 환경과 일치하는 시기에 생겨났다.

분산대응체계는 재난예방 및 완화, 대비, 대응 및 복구를 위한 종합적이고 통합된 국가정책의 결여로 전체적인 재난대응능력을 저하시키는 것으로 알려져 있다. 실제로 분산대응체계를 채택하던 미국의 경우 1980년대까지 연방정부 내에 재난대응기관들의 활동을 전체적으로 조성하고 통제할 수 있는 메커니즘이 존재하지 않았기 때문에 재난대응활동은 상당히 무질서하였다. 재난대응의 분산대응 방식은 지진, 수해, 유독물, 풍수해, 설해, 화재 등 재난의 종류에 상응하여 대응 방식에 차이가 있다는 것을 강조한다. 따라서 재난종류별 분산대응계획이 마련되며 대응책임기관도 각각 다르게 배정되어 있었다.

이러한 대응 방식은 재난시 유사기관간의 중복대응과 과잉대응의 문제를 야기하였고 난해한 계획서의 비현실성과 다수기관간의 조정・통제에 대해 반복되는 문제를 야기하게 되었다(안중석, 2004: 23-24; 채경석, 2004: 39-40; 김동욱, 2003: 14).

나. 통합대응기능

전통적인 재난대응 방식에서 제기된 분산대응체계와 민방위 중심의 하향식 기획과정은 여러 가지 대응상의 문제점이 제기되면서 미국을 중심으로 통합대응체계의 모델이 제시되었다. 퀘렌텔리(Quarantelli, 1991)는 분산대응체계가 통합대응 방식으로 전화되어야 한다는 근거를 다음과 같이 제시하고 있다.

(1) 재난개념의 변화

재난개념에 대한 물리적 관점은 재난의 유형별 특징을 강조하게 된다. 재난은 오로지 사회적으로 충격적인 사건이라는 점에서 식별될 수 있으며 재난에 대한 사회 지향적 개념은 자연적 요인 및 기술적 요인의 물리적 특성과 영향에서 사회적 사건의 공통성 또는 유사성으로 초점이 이동되었다는 것이다. 따라서 재난은 그 지역사회의 정상적인 기능을 파괴하는 충격적 사건으로서의 공통성을 가지며 자연재해든 인위재난이든 구별할 실익은 없게 된다.

(2) 재난대응의 유사성

경험적 측면에서 볼 때 사회과학적 연구들은 재난의 사회 형태적 특징들이 대부분 재난유형별로 나타나는 것이 아니라 상이한 유형의 자연적·기술적 재난에서 일반적으로 유사하다는 것을 밝히고 있다. 이들 연구자들은 재난을 준비하고 관리하는 데 있어서의 많은 인적·조직적 문제들을 해결하는 데 있어서 어떠한 구체적인 재난이 관련되어 있는지는 중요하지 않다고 생각한다. 이들은 어떠한 재난이든간에 요구되는 작업이 경고, 대피, 구호, 탐색, 구조, 구급, 사망자 처리, 자원의 동원, 통신교류, 조직간 조정 등 동일한 일반적인 활동이 취해져야 한다고 보는 것이다.

(3) 계획 내용의 유사성

재난계획에 있어 종합적 접근법을 택해야 한다고 주장하는 연구자들은 재난유형의 차이에도 불구하고 재난시 취해야 할 일들이 크게 다르지 않다고 생각한다. 부상자 간호, 재난 지역의 안전성 확립, 공공에 대한 정보 제공, 대응상의 전반적인 조정 그리고 많은 유사한 일 등 모든 업무가 지역사회의 위기상황에서 수행될 것이다.

소방 및 경찰을 비롯한 지역사회 위기관리조직의 대부분은 재난의 유형에 관계없이 모든 재난의 대처에 관계된다. 따라서 재난대응상의 계획들은 거의 동일한 내용과 구조를 가지게 된다. 수많은 계획을 통합작성을 통해 보다 단순하고 적용성 있는 계획으로 발전시켜야 한다는 것이다.

(4) 대응자원의 공통성

Tierney(1981)는 화학사고에 대한 지역단위의 준비를 그 지역이 갖는 위험의 전 범위를 다루는 종합적인 준비조치로 실현하는 것이 효율적이라고 주장한다. 예를 들면, 화학재난에 대비하기 위한 대응자원의 활용면에서 울산 지역의 화학공단 전 지역의 관련업체와 소방 및 군부대의 자원관리는 종합적으로 준비하여 관리하고 유사시 공동으로 이용하게 함으로써 자원동원에 있어 규모의 경제 효과를 얻어낼 수 있다는 것이다.

특히 지역사회에 있어 제독사업과 중화작업에 필요한 각종 방제 물품들은 유사시 부족분을 새롭게 구입하는 데 재고의 부족과 제조 및 취급 도매사의 원거리 위치 등으로 많은 시간이 필요하다는 것이다. 이러한 종합적 접근(generic approach)의 원칙은 재난유형과 이에 대처하기 위해 필요한 인적・물적 자원이 조금씩 다르더라도 구체적인 위협에 관계없이 동일한 일반적 활동들이 재난 전 대응・복구 시기에 진행된다. 따라서 거의 유사한 자원동원체제와 자원유형을 필요로 한다는 점이다.

통합책임기관의 책임은 중앙 및 광역 차원의 자원을 통합・조정하여 지방자치단체의 대응활동을 위한 단일의 지원창구를 제공하고 자연재해 및 인위재난을 포함한 모든 유형의 재난에 걸쳐서 기획 및 대응활동(planning and response activities)의 유사성이라는 이점을 취함으로써 재난준비 및 대응자원의 활용을 최적화하는 것이다.

미국의 FEMA 창설을 위한 이론적 근거로 제시된 통합관리체제(IEMS: Integrated Emergency Management System)는 재난관리의 전체 과정이라 할 수 있는 예방・준비・대응・복구활동을 종합관리 한다는 의미이다. 모든 재난은 피해범위, 대응자원, 대응 방식에 있어 유사하다는 데 그 이론적 근거를 삼고 있다(남궁근, 1999). 재난대응 방식별 장단점은 <표 2-2>와 같다.

▶ 표 2-2 ◀ 재난대응 방식별 장단점

유 형	분산관리	통합관리
성격	분산관리 방식	통합적 관리 방식
관련부처(기관)수	다수부처 및 기관관련	소수부처 및 기관관련
책임범위와 부담	소관재난에 대한 관리책임, 부담분산	모든 재난에 대한 관리책임, 과도한 부담 가능성
활동범위	특정 재난에 대한 관리활동	모든 재난에 대한 관리활동
정보의 전달	정보전달의 다원화	정보전달의 단일화
재원 마련과 배분	복잡	보다 간소

자료: 임송태 외(1995: 29).

6. 재난대응의 구조적 원리

재난은 비정형적 의사결정구조를 가지며 재난상황에 따라 조직구조를 변화시켜야 하는 경우가 많다. 재난대응계획은 단순히 비상시 소집절차와 처리절차를 기술하는 하나의 기술서가 아니라 모든 재난에 대응할 수 있는 효과적인 대응조직구조를 제시하고 표준화시켜 나가는 대응시스템 구축 작업이다. 이러한 대응시스템 구축시 대응활동의 효율성을 확보하기 위해서는 지휘책임과 권한의 범위와 계통을 기술하고 책임을 명확히 할 필요가 있다. 즉, 재난 지역의 주민과 각 수준의 행정기관의 참여 방법이 결정되어야 하고, 권한과 절차가 규정되어야 하며, 자원 할당의 우선순위 결정과 재난발생시 조직의 혼란이 없도록 가급적 현존하는 조직을 재난시에도 활용하는 방안 강구 그리고 상급기관의 지원에만 의존하지 않고 재난 지역에서 독자적으로 대응할 수 있는 적절한 응급대응능력을 사전에 미리 계획해 두어야 한다(비상기획위원회, 1993: 190-191; 안중석, 2003: 19-20).

따라서 재난시 효율적인 현장대응을 하기 위해서는 다음의 세 가지 문제를 고려해야 할 것이다. 첫째는 대응체제의 동원능력이다. 즉, 우리나라에는 여러 가지 수준에 걸쳐 많은 재난대응기관이 상존하고 있다. 그것은 국가기관, 지방정부 또는 중앙부처 및 산하기관에 독자적으로 존립하고 있는 재난대응기관을 말한다. 이렇게 다양하게 존립하고 있는 재난대응기관들이 재난발생시 얼마나 능동적으로 일사불란하게 움직일 수 있는가를 재난대응과 관련해서 고려하지 않을 수 없다. 왜냐하면 대부분의 재난은 국지적으로 발생하고 있으나 일부는 국가적인 대응이 필요한 대형재난으로 확산되는 경우가 있기 때문이다. 이러한 대형재난은 모든 재난대응기관들이 유기적인 협조체제를 구축하여 통합재난대응이 이루어져야 한다. 한편 대형재난이 아닌 지엽적인 것일지라도 그 지방에 있는 여러 독립된 재난관련 기관들이 얼마나 협조적으로 재난에 대응할 수 있을 것인가의 문제를 고려하지 않을 수 있다. 여기에서 독립된 기관이란 동일한 부처의 산하기관일수도 있고 상이한 부처의 산하기관일 수도 있다.

둘째는 대응체계의 재난수습능력이다. 재난은 신속성, 경제성, 효과성 있게 대처되어야 한다. 앞에서는 주로 재난대응기관들의 협조체제를 제기하였다. 그러나 여기에서는 주로 재난대응기관들의 재난수습능력을 문제시하고 있다. 모든 재난은 ① 신속한 대응 및 수습이 이루어져야 한다. 대응이 지체되면 재난대응의 의미를 상실하기 때문이다. 대응이 지체되면 재난의 범위를 확산시키고 재난에 의한 인적·물적 피해를 더욱 확대시킬 수밖에 없다. ② 경제적으로 처리되어야 한다. 만약 재난수습에 소요되는 비용이 재난에 의한 손실비용보다 크다면 그것은 재난대응의 의미를 상실하게 될 것이다. 이러한 면에서 재난대응은 경제성 있게 효율적으로 처리되어야 한다.

셋째는 재난대응상의 전문성이라고 하겠다. 재난대응은 다양한 정보, 첨단장비, 장비의 운용능력 및 구조, 구급능력이 매우 중요하다. 이러한 수단과 전문성은 재난을 능률적이고 효과적으로 처리할 수 있기 때문이다.

이상과 같이 재난대응의 구조적 관점에서 볼 때, 재난대응시 요구되는 것으로는 대응체계의 동원능력과 재난수습능력 및 재난대응기관 및 대응인력의 전문성으로 나누어 볼 수 있다. 체제의 동원능력은 대응상의 협조체제 문제이며, 재난수습능력 및 전문성은 재난을 신속하고 효율적으로 해결하는 대응체계의 수준을 의미한다. 따라서 신속하고 효율적인 재난대응체계는 어떠한 재난대응의 구조적 원리에 의해 가능한지를 검토할 필요가 있다(안중석, 2003: 27-28).

가. 통합지휘체계 구축

재난대응기관은 동일한 또는 상이한 부처 내에 산재되어 있다. 동일한 부처 내에는 중앙재난대응기관, 광역 및 기초자치단체의 재난대응기관들이 있다. 그리고 중앙 및 지방에 소방, 경찰, 군, 전기, 통신, 가스, 적십자사 등 상이한 부처 내의 재난대응기관이 산재되어 있다. 이렇게 다양하게 존립하고 있는 여러 재난대응기관을 어느 한 기관이 중심이 되어 일사불란하게 통제하고 움직일 수 있는 통합지휘체계가 마련되어 있는가 하는 문제가 재난대응상의 신속성과 효율성을 결정짓는 관건이 될 것이다. 이러한 관점에서 우리나라의 재난대응체계를 검토하고 평가할 필요가 있다.

나. 동질적 · 수평적 조직간의 협조체제

중앙과 지방의 동질적인 행정기관 내에 존립하고 있는 재난대응기관을 말한다. 이러한 재난대응기관들이 중앙기관의 지휘와 통제 아래 일사불란하게 재난에 대응할 수 있는 체제와 능력을 가지고 있는지 검토 · 평가해 볼 필요가 있다. 이러한 체제상의 협조와 능력은 재난대응의 질과 효과성의 수준을 결정해 주기 때문이다.

다. 이질적인 기관과의 재난대응 협조체계

위에서 살펴본 바와 같이 재난대응기관은 소방, 경찰, 군, 전기, 통신, 가스, 적십자사 등으로 각각 분산되어 있다. 이렇게 분산되어 있는 이질적인 재난대응기관들이 질서 있게 능동적인 협조체계를 구축하여 재난대응을 할 수 있는지를 검토·평가해 볼 필요가 있다. 만약 이러한 통합대응이 미흡하다면 이러한 체계가 하루빨리 이루어질 수 있도록 재난대응체계를 개선해야 할 것이다.

라. 재난대응기관 및 대응인력의 전문성

재난대응수준은 재난대응기관의 전문성 여하에 따라 달라진다. 재난대응 능력은 ① 첨단장비 보유 및 운용능력, ② 대응인력의 전문성과 지속적인 훈련의 필요성, ③ 새로운 정보와 최신기술의 개발 및 보급의 문제에 달려 있다고 하겠다. 이와 관련하여 우리나라의 재난대응기관들의 재난대응을 위하여 어느 정도 준비되어 있는지를 검토·평가해 볼 필요가 있다. 그리고 이러한 전문화된 능력을 과학적으로 분석·평가하는 체계적 대비가 요구된다. 이러한 조치는 전문적인 능력상의 문제를 보완하여 대응에 만전을 기할 수 있는 도구적 수단이 된다고 보기 때문이다.

7. 선행 연구문헌의 재난대응기능 분류

자연재난이든 인적재난이든 그리고 사회재난이든지간에 위기관리 과정에서 필수적으로 확보되어야 할 대응 기능들이 있다. Siegel(1985), Wallace and De Balogh(1985) 그리고 Perry(1985) 등에 의하면, 대응과정에서 요구되는 기능들로는 재난경보, 위기상황실 운영, 구조·탐색,

언론 대응, 지역질서 통제, 희생자 보호, 지역서비스 복구, 외부지원 요청, 피난처 제공 등이 주요한 재난대응 기능들이 될 것이다.

재난대응 단계의 기능으로 이재은(1998: 232-236)은 경보기능, 소개기능, 응급의료 서비스 기능, 탐색·구조 기능, 질서유지 기능, 긴급피해복구 기능 등의 6가지로 나누고 있다.

첫째, 경보(warning) 기능은 위험에 처한 주민들에게 행하는 의사소통이다. 경보는 환경의 위험이 임박했음과 위험에 대응할 행동지침을 제시해 주는 기능을 수행한다(Perry, 1985: 66). 둘째, 소개(evacuation) 기능은 시민들을 위험 지역으로부터 안전 지역으로 이동시키는 것으로서 적절하게 집행된 소개는 초기 인명 손실을 감소시킨다. 셋째, 응급의료 서비스(emergency medical service) 기능에서는 부상자 명단 작성 및 부상 정도 파악, 진료기관 확정 및 이송, 사망자 신원 파악과 안치장소 결정, 자원봉사자 조직체계 구축, 보유기능 확인, 역할 분담, 신원 파악, 희생자 가족 대기·보호 장소, 편의시설 구축 등이 이루어진다. 넷째, 탐색·구조(search and rescue) 기능은 구조작업이 진행 될 수 있도록 위기관리 기관간 의사소통 체계를 확립하고, 대응 장비를 준비하며, 구조에 필요한 무선 통신망 등과 같은 대응 프로그램의 마련 등이 이루어진다. 다섯째, 질서유지 기능이다. 재난발생 초기에 재난관리기관이 재난 지역을 장악하고 통제체계를 갖추는 기능이라고 할 수 있다. 여섯째, 긴급피해복구 기능으로 이는 긴급수송, 탐색·구조 등의 대응 기능 수행을 위해서 피해시설에 대한 긴급 피해복구 활동을 펼치는 것을 의미한다.

이론적으로 보면, 재난발생 자체를 억제하는 것이 가장 바람직한 것임에도 현실적으로는 재난이 항시적으로 발생 가능하고 예측이 어렵기 때문에 재난관리체제 중 특히 대응단계에서는 신속하고 적절한 대응기능의 확보가 절실히 요구된다. 또한 이러한 여섯 가지의 대응기능들은 재난발생시 인적·물적 피해를 포함하는 재난피해 최소화와 이미 발생한 재난으로부터 제2의 손실발생 가능성 차단이라는 두 가지 목적을 달성하기 위한 기능인 것이다. 따라서 각 기능 수행을 위한 사전 준비 및 기능수행 실패에 대한 책임성 확보를 위한 법령과 함께 실질적 기능 수행을 위한 조직구조 마련 등이 요구된다.

▶ 표 2-3 ◀ 재난대응기능 분류

재난대응 기능	경 보	· 재난탐지(일상적으로 재난위협 요인을 감시) · 위험통고(탐지된 위험요인 정보의 전달) · 경보발령(실제 피해 가능성 있는 시민에게 경고)
	소 개	· 안전 지역 확보(재해 피해 없는 지역의 확보) · 이동절차 공지(집행기관의 이동 절차 안내) · 시민 이동(위험 지역에서 안전 지역으로 대피)
	응급의료서비스	· 진료기관 확보 · 자원봉사자 확보 · 응급 의료진 확보
	탐색 및 구조	· 희생자 탐색 및 구조 · 의사소통체계 확립 · 대응장비 준비
	질서유지	· 재난 지역정비 · 지휘통제체계 확립 · 2차 재난방지(폭동, 테러 등 방지활동)
	긴급피해복구	· 피해시설 긴급복구 · 부상자 긴급수송 · 붕괴건물 긴급복구

자료: 이재은(1998: 233-236).

제3장

지역의 재난대응체계 현황

1. 지역 재난대응의 조직적 측면

1) 재난 및 안전관리 기본법상 재난대응체계

(1) 재난관리기관의 종류와 역할

(가) 재난관리책임기관의 종류와 역할

재난관리책임기관은 재난의 예방·대비·대응·복구를 위하여 행하는 모든 활동을 추진하는 기관으로서 재난관리책임기관의 종류는 중앙행정기관과 지방자치단체, 지방행정기관·공공기관·공공단체 및 재난관리의 대상이 되는 중요 시설의 관리기관 등을 대상기관으로 지정하여 운영하고 있으며 <표 3-1>과 같다.[1)]

「재난 및 안전관리 기본법」에 명시된 재난관리책임기관의 역할을 살펴보면 <표 3-2>와 같다.

---

1) 재난 및 안전관리 기본법 제3조 제5항.

표 3-1 재난관리책임기관의 종류

중앙행정기관 및 지방자치단체			
대통령령이 정하는 기관	· 재외공관 · 국립수의과학검역원 · 국립식물검역소 · 지방체신청 · 국립검역소 · 유역환경청 또는 지방환경청 · 지방노동청 · 지방항공청 · 지방국토관리청 · 홍수통제소 · 지방해양수산청 · 지방산림청 · 한국철도공사 · 시 · 도의 교육청 · 지하철공사 · 도시철도공사 · 한국농촌공사 · 농수산물유통공사 · 한국가스공사 · 한국가스안전공사 · 한국전기안전공사 · 한국전력공사 · 한국환경자원공사	· 수도권매립지관리공사 · 대한주택공사 · 한국수자원공사 · 한국도로공사 · 한국토지공사 · 인천국제공항공사 · 한국공항공사 · 항만공사 · 한국방송공사 · 국립공원관리공단 · 한국산업안전공단 · 한국산업단지공단 · 부산교통공사 · 한국철도시설공단 · 한국시설안전기술공단 · 한국원자력연구소 · 한국원자력안전기술원 · 농업협동조합중앙회 · 수산업협동조합중앙회 · 산림조합중앙회 · 대한적십자사 · 하천법 제22조의 규정에 의한 댐 등의 설치자 · 관리자	· 원자력법에 의한 원자력발전관련 시설 관리기관 · 방송법에 의한 재난방송사업자 · 법 제9조의 규정에 의한 중앙안전관리위원회의 위원장이 재난관리책임기관으로 지정 · 고시하는 기관 및 단체 · 국립수산과학원 · 국립해양조사원 · 한국석유공사 · 대한송유관공사 · 한국전력거래소 · 국민체육진흥공단 · 한국지역난방공사 · 한국정보사회진흥원 · 한국관광공사 · 국립자연휴양림관리소 · 한국마사회 · 지방자치단체 소속 시설관리공단 · 지방자치단체 소속 도시개발공사 · 화력발전소 · 그 밖에 행정안전부장관 또는 소방방재청장이 재난의 예방 · 대비 · 대응 · 복구를 위하여 특별히 필요하다고 인정하여 고시하는 기관 및 단체

(나) 긴급구조기관

긴급구조기관은 재난이 발생할 우려가 현저하거나 재난이 발생한 때에 국민의 생명과 신체 및 재산의 보호를 위하여 인명구조, 응급처치 그 밖에 필요한 모든 긴급한 조치를 취하는 기관으로 소방방재청, 소방본부 및 소방서가 해당된다.

특히, 해양에서 발생한 재난의 경우에는 해양경찰청, 지방해양경찰청, 해양경찰서가 긴급구조기관이 되며[2] 긴급구조기관의 종류는 <표 3-3>과 같다.

▶ 표 3-2 ◀ 재난관리책임기관의 역할

관련 조항	재난관리책임기관의 역할
第4조	■ 국가 등의 책무 ② 재난관리책임기관의 장은 소관업무와 관련된 안전관리에 관한 계획을 수립하고 이를 시행하여야 하며, 그 소재지를 관할하는 특별시·광역시·도 및 시·군·구의 재난 및 안전관리업무에 협조하여야 한다.
第7조	■ 안전관리헌장 ② 재난관리책임기관의 장은 제1항의 규정에 의한 안전관리헌장을 재난관리업무와 관련된 시설이나 지역에 상시 게시할 수 있다.
第10조	■ 중앙위원회의 기능 등 ② 중앙위원회는 그 소관사무에 관하여 재난관리책임기관의 장이나 관계인에 대하여 자료의 제출, 의견의 진술 그 밖의 필요한 사항에 대하여 협조를 요청할 수 있다. 이 경우 요청을 받은 자는 특별한 사유가 없는 한 이에 응하여야 한다.
第12조	■ 지역위원회의 기능 3. 당해 지역에 소재하는 재난관리책임기관(중앙행정기관 및 상급지방자치단체를 제외한다)이 수행하는 안전관리업무의 협의·조정
第15조	■ 중앙본부장의 권한 등 ① 중앙본부장은 재난의 효율적인 수습을 위하여 관계 재난관리책임기관의 장에게 행정 및 재정상의 조치와 소속직원의 파견 그 밖의 필요한 지원을 요청할 수 있다. 이 경우 요청을 받은 관계 재난관리책임기관의 장은 특별한 사유가 없는 한 이에 응하여야 한다.
第17조	■ 지역본부장의 권한 등 ① 지역본부장은 재난의 수습이 효율적으로 이루어질 수 있게 하기 위하여 재난관리 책임기관의 장에게 행정 및 재정상의 조치나 그 밖의 필요한 업무협조를 요청할 수 있다. 이 경우 요청을 받은 재난관리책임기관의 장은 특별한 사유가 없는 한 이에 응하여야 한다. ② 지역본부장은 재난의 수습을 위하여 필요하다고 인정하는 때에는 재난관리책임기관의 장에게 소속직원의 파견을 요청할 수 있다. 이 경우 요청을 받은 재난관리책임기관의 장은 특별한 사유가 없는 한 즉시 이에 응하여야 한다.
第20조	■ 재난상황의 보고 ③ 재난관리책임기관의 장은 소관업무에 관계되는 재난이 발생한 때에는 대통령령이 정하는 바에 의하여 즉시 그 재난의 상황과 응급조치 및 수습의 내용을 관계 중앙행정기관의 장 및 시장·군수·구청장에게 보고 또는 통보하여야 하고, 시장·군수·구청장은 보고 또는 통보를 받은 사항중 대통령령이 정하는 사항에 관하여는 시·도지사를 거쳐 소방방재청장에게 보고하여야 한다.

2) 재난 및 안전관리 기본법 제3조 제7항.

<table>
<tr><td>第26조</td><td>■ 재난관리책임기관의 장의 재난예방조치
① 소관 관리대상업무의 분야에서 재난의 발생을 사전에 방지하기 위하여 다음 각호의 조치를 하여야 함
1. 재난에 대응할 조직의 구성 및 정비
2. 재난의 예측과 정보전달체계의 구축
3. 재난발생에 대비한 교육·훈련과 재난관리예방에 관한 홍보
4. 재난발생의 위험이 높은 분야에 대한 안전관리체계의 구축 및 안전관리규정의 제정
5. 재난발생의 위험이 높거나 재난예방을 위하여 계속적으로 관리할 필요가 있다고 인정되는 시설(이하 "특정관리대상시설"이라 한다)의 지정·관리 및 정비
6. 제35조의 규정에 의한 물자 및 자재의 비축, 재난방지시설의 정비와 장비 및 인력의 지정
7. 그 밖에 재난의 예방을 위하여 필요하다고 인정되는 사항
② 제1항의 규정에 의한 재난예방조치를 효율적으로 시행하기 위하여 필요한 사업비를 확보하여야 한다.
③ 다른 재난관리책임기관에서 시행하는 재난예방대책에 적극 협조하여야 한다.
④ 재난관리책임기관의 장은 재난관리의 실효성이 확보될 수 있도록 제1항제4호의 규정에 의한 안전관리체계 및 안전관리규정을 정비·보완하여야 한다.
⑤ 재난관리책임기관의 장은 제1항제5호의 규정에 의한 조치결과를 대통령령이 정하는 바에 의하여 소방방재청장에게 보고 또는 통보하여야 한다.</td></tr>
<tr><td>第27조</td><td>■ 특정관리대상시설의 관리 등
① 재난관리책임기관의 장은 제26조제1항제5호의 규정에 의하여 특정관리대상시설을 지정하는 때에는 대통령령이 정하는 바에 의하여 다음 각호의 조치를 하여야 한다.
1. 특정관리대상시설로부터 재난발생의 위험성을 제거하기 위한 장·단기계획의 수립·시행
2. 특정관리대상시설에 대한 안전점검 또는 정밀안전진단. 이 경우 안전점검 또는 정밀안전진단은 다른 법령에 의한 안전점검 또는 정밀안전진단에 관한 기준에 의하되, 다른 법령의 적용을 받지 아니하는 시설에 대하여는 행정자치부령이 정하는 기준에 의한다.</td></tr>
<tr><td>第31조</td><td>■ 재난예방을 위한 긴급안전조치
① 재난관리책임기관의 장은 긴급안전점검결과 재난발생의 위험이 높다고 인정되는 시설 또는 지역에 대하여는 대통령령이 정하는 바에 의하여 그 소유자·관리자 또는 점유자에게 다음 각호의 안전조치를 취할 것을 명할 수 있다.
1. 정밀안전진단의 실시(시설에 한한다). 이 경우 정밀안전진단은 다른 법령에 의한 정밀안전진단에 관한 기준에 의하되, 다른 법령의 적용을 받지 아니하는 시설에 대하여는 행정자치부령이 정하는 기준에 의한다.
2. 보수 또는 보강 등 정비
3. 재난을 발생시킬 위험요인의 제거</td></tr>
</table>

제32조	■ 특정관리대상시설 등의 실명관리 재난관리책임기관의 장은 제27조제1항제2호 및 제30조제1항의 규정에 의하여 안전점검 또는 긴급안전점검을 하는 경우에는 안전점검 또는 긴급안전점검을 행한 소속공무원의 실명을 유지·관리하여야 한다.
제35조	■ 물자·자재의 비축 등 ① 재난관리책임기관의 장은 관계법령 또는 제3장의 안전관리계획이 정하는 바에 의하여 소관업무와 관계되는 재난응급대책을 수립·시행하고 재난복구에 필요한 물자 및 자재를 비축하며 대통령령이 정하는 재난방지시설을 정비하여야 한다.
제37조	■ 응급조치 ② 시·군·구의 관할구역안에 소재하는 재난관리책임기관의 장은 시장·군수·구청장 또는 지역통제단장의 요청이 있는 때에는 관계법령 또는 시·군·구 안전관리계획이 정하는 바에 의하여 시장·군수·구청장 또는 지역통제단장의 지휘 또는 조정하에 그 소관업무에 관계되는 응급조치를 실시하거나 시장·군수·구청장 또는 지역통제단장이 실시하는 응급조치에 협력하여야 한다.
제39조	■ 동원명령 등 ① 중앙본부장 및 지역본부장은 재난이 발생하거나 발생할 우려가 있다고 인정하는 때에는 다음 각호의 조치를 할 수 있다. 1. 민방위기본법 제22조의 규정에 의한 민방위대의 동원 2. 재난관리책임기관의 장에게 응급조치를 위하여 관계직원의 출동 또는 제35조의 규정에 의한 물자 및 지정된 장비·인력 등의 동원 등 필요한 조치를 취하여 주도록 요청
제47조	■ 재난관리책임기관의 장의 응급조치 재난관리책임기관의 장은 재난이 발생하거나 발생할 우려가 있는 때에는 즉시 그 소관업무에 관하여 필요한 응급조치를 하고,.이 장의 규정에 의하여 시·도지사, 시장·군수·구청장 또는 지역통제단장이 실시하는 응급조치가 원활히 수행될 수 있도록 필요한 협조를 하여야 한다.
제55조	■ 재난대비능력 보강 ③ 긴급구조업무 및 재난관리책임기관(행정기관외의 기관에 한한다)의 재난관리업무에 종사하는 자는 대통령령이 정하는 바에 의하여 긴급구조에 관한 교육을 받아야 한다. 다만, 다른 법령에 의하여 긴급구조에 관한 교육을 받은 경우에는 이 법에 의한 교육을 받은 것으로 본다.
제60조	■ 특별재난지역의 선포 등 ② 재난관리책임기관의 장은 제1항의 규정에 의하여 특별재난지역이 선포되는 경우에는 재난복구계획을 수립·시행할 수 있다.
제62조	■ 비용의 부담 ① 재난관리에 필요한 비용은 이 법 또는 다른 법령에 특별한 규정이 있는 경우를 제외하고는 이 법 또는 제3장의 안전관리계획이 정하는 바에 의하여 그 시행의 책임이 있는 자의 부담으로 하고, 제46조의 규정에 의하여 시·도지사 또는 시장·군수·구청장이 다른 재난관리책임기관이 시행할 재난의 응급조치를 시행한 경우 그에 소요되는 비용은 그 응급조치를 시행할 책임이 있는 재난관리책임기관의 부담으로 한다.

第69조	■ 재난상황의 기록관리 ① 재난관리책임기관의 장은 소관시설·재산 등에 관한 피해상황 등을 기록하고, 이를 보관하여야 한다. 이 경우 시장·군수·구청장을 제외한 재난관리책임기관의 장은 그 기록사항을 시장·군수·구청장에게 통보하여야 한다. ② 재난상황의 작성·보관 및 관리에 관하여 필요한 사항은 대통령령으로 정한다.
第73조	■ 재난대비훈련 ① 시·도지사, 시장·군수·구청장 및 긴급구조기관의 장은 대통령령이 정하는 바에 의하여 정기 또는 수시로 재난관리책임기관·긴급구조지원기관 및 군부대 등 관계기관과 합동으로 재난대비훈련을 실시할 수 있다. ② 제1항의 규정에 의한 재난대비훈련에 참여를 요청받은 기관의 장은 특별한 사유가 없는 한 이에 응하여야 한다. ④ 시장·군수·구청장 및 긴급구조기관의 장은 제1항의 규정에 의한 훈련을 실시한 후에는 그 훈련결과를 대통령령이 정하는 바에 의하여 평가하여 재난관리책임기관의 장 및 관계 긴급구조지원기관의 장에게 이를 통보하여야 한다.
第74조	■ 재난관리의 표준화 등 ① 소방방재청장은 재난관리업무의 효율적 수행을 위하여 대통령령이 정하는 바에 의하여 재난관리에 단계별로 적용할 수 있는 표준화된 지원프로그램을 개발·보급할 수 있다. ② 재난관리책임기관과 동조 제7호 및 제8호의 규정에 의한 긴급구조기관·긴급구조지원기관은 재난의 예방·대비·대응·복구 등의 재난관리업무를 효율적으로 추진하기 위하여 정보통신 체계를 구축할 수 있다.

▶ 표 3-3 ◀ 긴급구조기관의 종류

구 분	긴급구조기관	비고
해양 재난을 제외한 모든 재난	소방방재청, 소방본부, 소방서	
해양 재난	해양경찰청, 지방해양경찰청, 해양경찰서	

(다) 긴급구조지원기관

긴급구조지원기관은 긴급구조에 필요한 인력, 시설 및 장비를 갖춘 기관 또는 단체로서 긴급구조기관을 지원하는 업무를 담당하며 긴급구조지원기관의 종류는 <표 3-4>와 같다.[3]

3) 재난 및 안전관리 기본법 제3조 제8항.

▶ 표 3-4 ◀ 긴급구조지원기관의 종류

· 국방부 · 교육과학기술부 · 지식경제부 · 보건복지가족부 · 환경부 · 국토해양부 · 경찰청 · 기상청 · 산림청 · 해양경찰청 · 탐색구조부대 및 국방부장관이 지정하는 군부대 · 대한적십자사 · 종합병원과 응급의료기관, 응급의료정보센터, 구급차 등의 운용자 · 전국재해구호협회 · 긴급구조기관과 응원협정을 체결한 기관 및 단체 · 행정안전부령이 정하는 기관 및 단체	· 유역환경청 또는 지방환경청 · 지방국토관리청 · 지방항공청 · 보건소 · 지하철공사 및 도시철도공사 · 한국가스공사 · 한국가스안전공사 · 한국농촌공사 · 한국전기안전공사 · 한국전력공사 · 대한석탄공사 · 대한광업진흥공사 · 한국수자원공사 · 한국도로공사 · 한국공항공사 · 항만공사 · 한국원자력안전기술원 · 한국원자력의학원 · 국립공원관리공단 · 소방방재청장이 정하여 고시하는 기간통신사업자

(2) 재난관리기구의 종류와 역할

(가) 안전관리위원회

안전관리위원회는 국무총리를 위원장으로 하는 중앙안전관리위원회와 각 지방자치단체장(시・도지사, 시・군・구청장)을 위원장으로 하는 지역안전관리위원회가 있다.[4]

중앙안전관리위원회의 위원은 ① 기획재정부장관・교육과학기술부장관・통일부장관・외교통상부장관・법무부장관・국방부장관・행정안전부장관・문화체육관광부장관・농림수산식품부장관・지식경제부장관・보건복지가족부장관・환경부장관・노동부장관・여성부장관 및 국토해양부

4) 재난 및 안전관리 기본법 제9조 내지 제12조.

장관, ② 국가정보원장 · 국가안전보장회의 사무처장 및 「방송통신위원회 설립 및 운영에 관한 법률」에 의한 방송통신위원회 위원장, ③ 소방방재청장 및 기상청장, ④ 그 밖에 중앙위원회의 위원장이 지정하는 기관 및 단체의 장 등으로 구성하게 되며, 간사는 행정안전부장관이 담당하게 된다.

주요 기능은 안전관리에 관한 중요 정책의 심의 및 총괄 · 조정, 국가안전관리기본계획안 및 집행계획안의 심의, 중앙행정기관이 수행하는 재난 및 안전관리업무의 협의 · 조정, 재난사태선포 건의 사항과 특별재난지역선포 건의 사항의 심의, 법령상의 중앙위원회의 권한에 속하는 사항의 처리, 기타 위원장이 부의하는 사항 등을 심의하며 안전관리위원회의 종류는 [그림 3-1]와 같다.

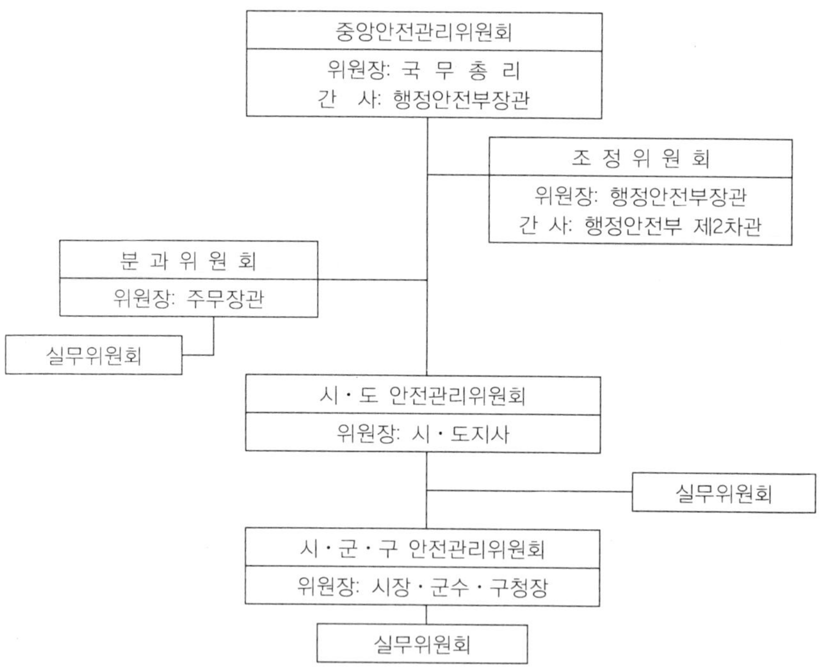

[그림 3-1] 안전관리위원회의 종류

▶ 표 3-5 ◀ 중앙안전관리 분과위원회의 종류

- 풍수해대책위원회	:	행정안전부장관
- 교통안전대책위원회	:	국토해양부장관
- 시설물재난대책위원회	:	국토해양부장관
- 화재 · 폭발사고대책위원회	:	행정안전부장관
- 전기 · 유류 · 가스사고대책위원회	:	지식경제부장관
- 환경오염사고대책위원회	:	환 경 부 장 관
- 방사능방재대책위원회	:	교육과학기술부장관
- 국가기반체계보호대책위원회	:	행정안전부장관

또한, 중앙안전관리위원회에 부의될 의안의 검토, 재난의 대비 · 대응 · 복구를 위한 관계부처간의 협의 · 조정, 국가안전관리기본계획의 기본방향에 영향을 미치지 않는 사항의 협의 · 조정을 위하여 중앙안전관리 조정위원회를 구성 · 운영하게 되며 위원장은 행정안전부장관이, 간사는 행정안전부 제2차관이 담당하게 된다.

위원으로는 중앙위원회의 위원이 되는 중앙행정기관의 장이 당해 중앙행정기관의 차관, 고위공무원단에 속하는 일반직공무원 또는 이에 상당하는 공무원 중에서 지명하는 자, 재난 및 안전관리에 대한 학식과 경험이 풍부한 자 중에서 위원장이 위촉하는 자로 구성하게 된다.

중앙안전관리 분과위원회는 <표 3-5>와 같이 해당 부처장관이 위원장이 되고, 간사는 위원장이 지정하게 된다. 위원은 위원장이 해당 사고대책위원회와 관련이 있는 자 중에서 지정한다.

주요 기능은 관계 중앙행정기관의 장이 작성한 안전관리업무에 관한 기본계획(안) 및 집행계획(안)에 대한 사전심사와 분과위원장이 회의에 부치는 사항 등에 대하여 심사하게 된다.

지역안전관리위원회는 시 · 도 안전관리위원회(위원장: 시 · 도지사)와 시 · 군 · 구 안전관리위원회(위원장: 시 · 군 · 구청장)로 나누어지며 위원은 자치단체의 조례로 정한다.

주요 기능은 당해 지역에 있어서의 안전관리정책의 심의 및 총괄 · 조정, 당해 지역에 있어서의 안전관리계획안의 심의, 당해 지역에 소재하는 재난관리책임기관이 수행하는 안전관리업무의 협의·조정, 법령 및 조례상의 지방위원회의 권한에 속하는 사항의 처리, 기타 위원장이 부의하는 사항 등을 심의하게 된다.

[그림 3-2]는 우리나라 재난관리체계를 나타낸 것이다.

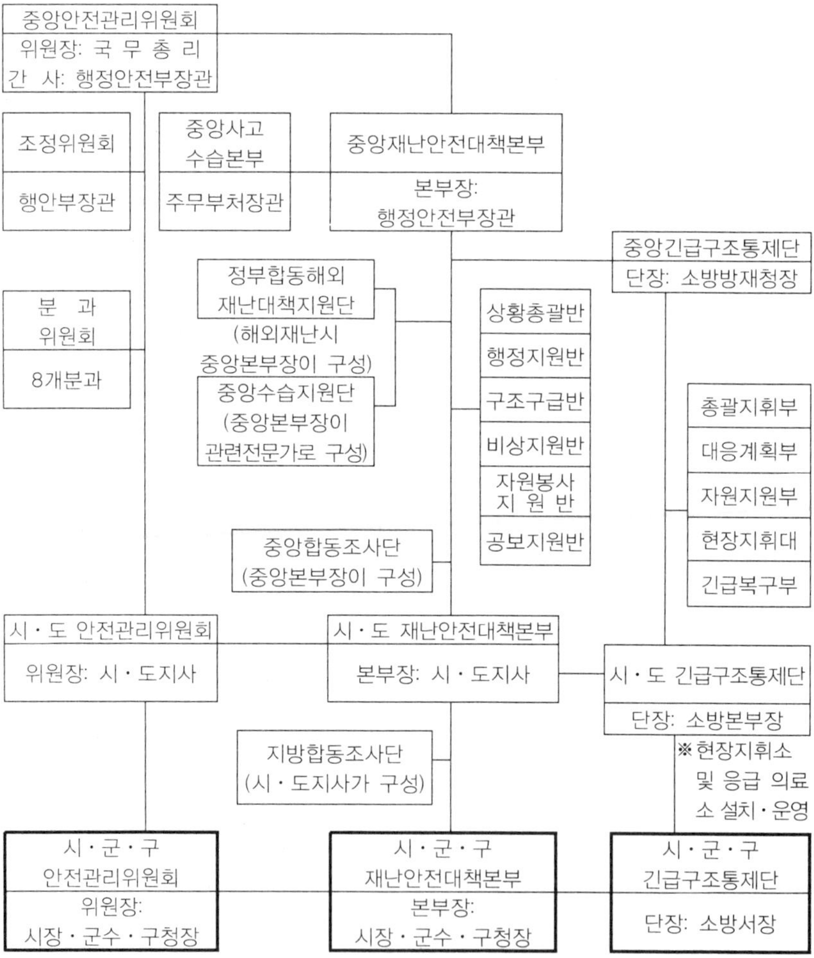

[그림 3-2] 우리나라의 재난관리체계

(나) 재난안전대책본부

재난안전대책본부는 행정안전부장관을 위원장으로 하는 중앙재난안전대책본부와 각 지방자치단체장(시·도지사, 시·군·구청장)을 위원장으로 하는 지역재난안전대책본부로 구분할 수 있다.[5]

중앙재난안전대책본부는 인명 또는 재산의 피해 정도가 매우 크거나 그 영향이 광범위하여 정부 차원의 종합적인 대처가 필요한 대규모 재난발생시 구성하게 된다.

중앙재난안전대책본부장은 행정안전부장관이 담당하며, 재난의 효율적인 수습을 위하여 관계 재난관리책임기관의 장에게 행정 및 재정상의 조치와 소속직원의 파견, 기타 필요한 지원요청, 당해 재난의 수습에 필요한 범위 안에서 지역재난안전대책본부장을 지휘하고, 중앙수습지원단의 구성 및 파견 등의 권한을 가진다.

중앙재난안전대책본부장은 재난사태의 선포 건의 또는 직접 선포를 하고, 재난사태 선포 지역에 대한 재난경보의 발령, 인력·장비 및 물자의 동원, 위험구역 설정, 대피명령, 응원 등의 응급조치 및 당해 지역 행정기관 소속 공무원의 비상소집 등을 취할 수 있으며, 중앙재난안전대책본부는 [그림 3-3]과 같다.

중앙재난안전대책본부회의는 행정안전부장관이 본부장, 소방방재청장이 차장, 위원은 기획재정부, 교육과학기술부, 통일부, 외교통상부, 법무부, 국방부, 행정안전부, 문화체육관광부, 농수산식품부, 지식경제부, 보건복지가족부, 환경부, 노동부, 국토해양부, 조달청, 경찰청, 소방방재청, 기상청, 문화재청, 산림청, 해양경찰청 소속의 고위공무원단에 속하는 일반직 고위공무원(국방부는 장관급 장교, 경찰청 및 해양경찰청은 경무관 이상의 국가경찰공무원, 소방방재청은 고위공무원단에 속하는 일반직 공무원 또는 소방감 이상의 공무원)과 기타 중앙본부장이 필요

5) 재난 및 안전관리 기본법 제14조 내지 제17조.

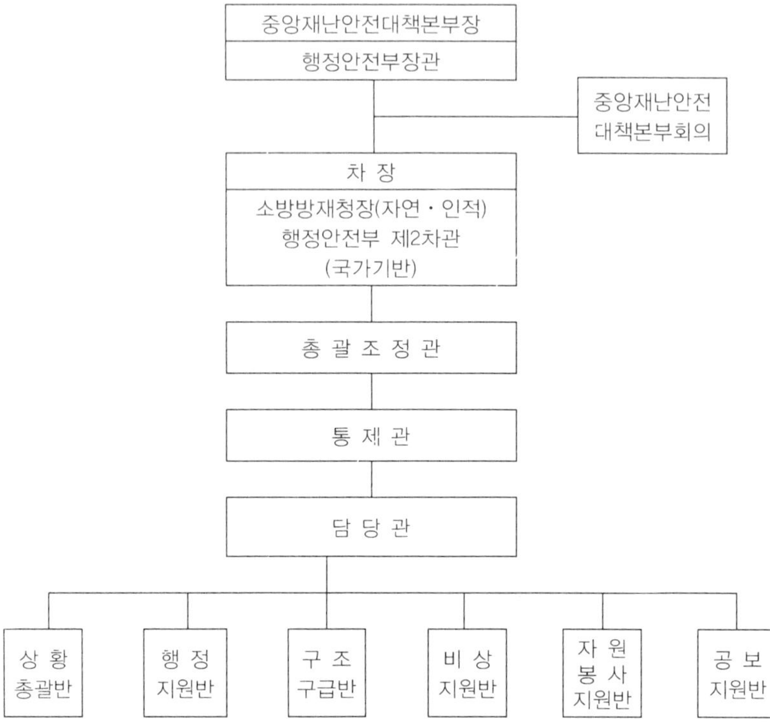

[그림 3-3] 중앙재난안전대책본부 조직도

하다고 인정하는 행정기관으로 구성하게 된다.

본부회의의 주요 기능은 재난복구계획에 관한 사항을 심의 · 확정, 재난예방대책에 관한 사항 협의, 재난응급대책에 관한 사항 협의, 국고지원 및 예비비 사용에 관한 사항 협의, 그 밖에 중앙본부장이 회의에 부치는 사항 등의 협의를 담당하게 된다.

지역재난안전대책본부장은 재난의 효율적인 수습을 위하여 당해 시 · 도 또는 시 · 군 · 구를 관할하는 재난관리책임기관의 장에게 행정 및 재정상의 조치와 소속직원의 파견, 기타 필요한 지원요청할 수 있고, 재난으로 피해가 예상되는 때에는 그 피해를 예방 · 경감하기 위하여 재난에 관한 예보·경보·통지나 응급조치를 하고, 재난이 발생할 우려가 있다고 인정되는 때에는 민방위대의 동원, 비축된 물자 및 지정된 장비·인력 등의 동원, 군부대의 지원요청 등을 취할 수 있다.

또한, 당해 지역이 재난사태 선포 지역으로 선포될 시 재난경보의 발령, 인력·장비 및 물자의 동원, 위험구역 설정, 대피명령, 응원 등의 응급조치 및 당해 지역 행정기관 소속 공무원의 비상소집 등을 취할 수 있다.

지역재난안전대책본부는 당해 재난과 관련하여 중앙재난안전대책본부가 설치된 경우에는 반드시 설치되어야 하고, 재난이 발생하거나 발생할 우려가 현저한 때에도 설치할 수 있다.

지역재난안전대책본부의 조직은 본부장, 총괄조정관, 통제관, 정보 및 보고서 작성반, 상황관리 지원반, 행정지원반, 구조구급반, 비상지원반, 자원봉사지원반, 공보지원반 등으로 구성되며 [그림 3-4]와 같다.

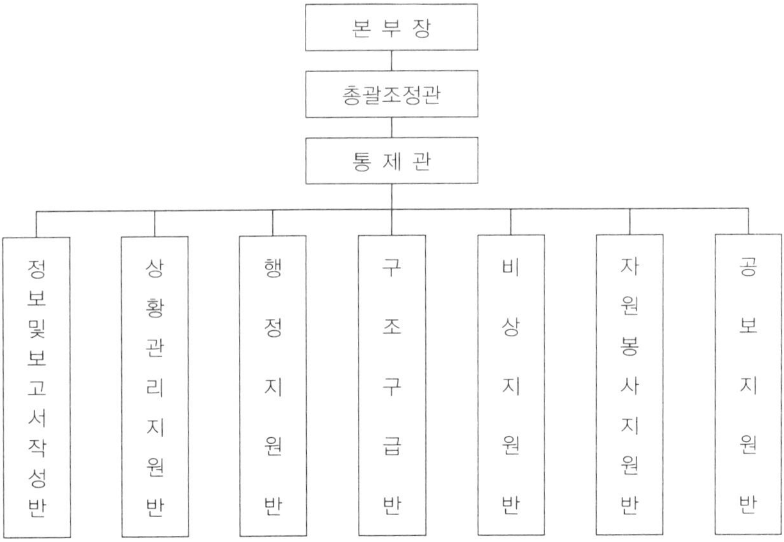

[그림 3-4] 지역재난안전대책본부 조직도

(다) 중앙사고수습본부

중앙사고수습본부는 주무부처의 장(해외재난이 발생한 경우에는 외교통상부장관)이 본부장이 되며, 구성과 운영에 관한 사항을 미리 중앙재난안전대책본부장과 협의하여 중앙사고수습본부를 구성하여야 한다.

주요 기능은 소관 재난관리업무의 총괄조정 및 집행, 재난응급복구에 필요한 물자 및 자재비축·관리, 재난발생시의 응급조치 및 중앙대책본부와의 협조, 재난현장 복구 지원 등의 업무를 담당하게 된다.

(라) 정부합동 해외재난대책지원단

정부합동 해외재난대책지원단은 중앙재난안전대책본부장이 지명하는 단장과 관계 중앙기관 및 관계 기관·단체 소속 공무원, 임직원, 전문가로 구성된 단원으로 구성하게 된다.

주요 기능은 해외재난 긴급구조 및 사상자 신원확인, 부상자 치료, 시신안치, 해외재난 사고원인의 조사 및 분석, 해외재난과 관련된 유가족 등에 대한 법률상담 등 현지지원, 해외재난 수습상황의 대·내외 공보 및 정부대책 홍보, 기타 중앙본부장이 정하는 사항에 대하여 업무를 담당하게 된다.

(마) 중앙수습지원단

중앙수습지원단은 재난 유형별로 관계 재난관리 책임기관의 전문가 및 민간전문가로 구성되며 단장은 중앙재난안전대책본부장이 지명하게 된다.

주요 기능은 재난발생 지역의 책임자인 지역본부장 등에 대하여 사태수습에 필요한 기술 자문·권고 또는 조언, 재난수습을 위하여 행정·재정적으로 조치할 사항, 재난현장상황, 재난의 발생원인 및 진행 전망 등을 중앙재난안전대책본부장에게 보고하는 기능을 담당하게 된다.

(바) 긴급구조통제단

긴급구조통제단은 소방방재청장을 단장으로 하는 중앙긴급구조통제단과 소방본부장(시 · 도), 소방서장(시 · 군 · 구)을 단장으로 하는 지역긴급구조통제단으로 나누어져 있다.[6)]

중앙긴급구조통제단의 조직은 [그림 3-5]와 같이 총괄지휘부, 대응계획부, 자원지원부, 현장지휘(부)대, 긴급복구부 등으로 구성되어 있다.

중앙긴급구조통제단의 주요 기능은 첫째, 국가 긴급구조대책의 총괄 · 조정, 둘째, 긴급구조활동 지휘 · 통제, 셋째, 긴급구조지원기관간의 역할분담 등 긴급구조를 위한 현장활동계획 수립, 넷째, 긴급구조대응계획의 집행, 다섯째, 기타 지역통제단장이 필요하다고 인정하는 사항 등의 업무를 담당하게 된다.

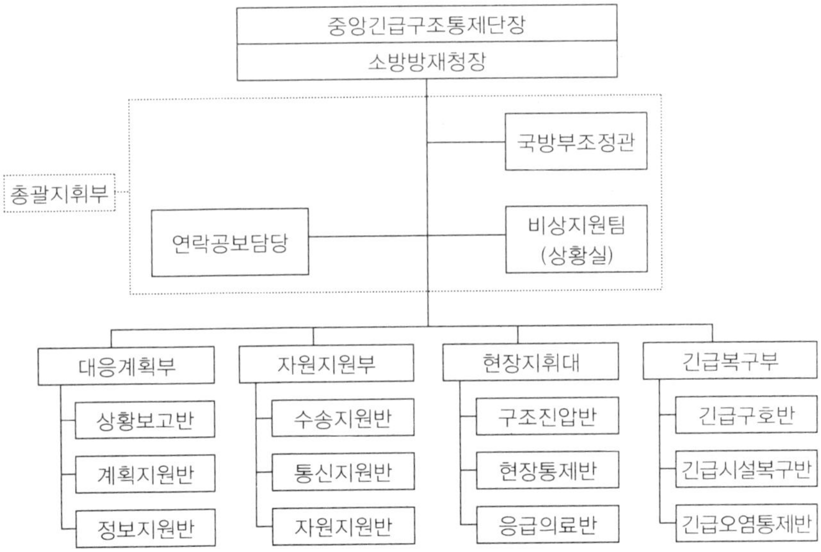

[그림 3-5] 중앙긴급구조통제단 조직도

6) 재난 및 안전관리 기본법 제49조 내지 제50조.

지역긴급구조통제단의 조직은 [그림 3-6]과 같으며, 지역긴급구조통제단의 주요 기능으로 첫째, 당해 지역의 긴급구조대책 총괄·조정, 둘째, 당해 지역의 긴급구조활동 지휘·통제, 셋째, 당해 지역의 긴급구조지원기관간의 역할분담 등 긴급구조를 위한 현장활동계획 수립, 넷째, 당해 지역의 긴급구조대응계획의 집행, 다섯째, 기타 지역통제단장이 필요하다고 인정하는 사항 등을 수행하게 된다.

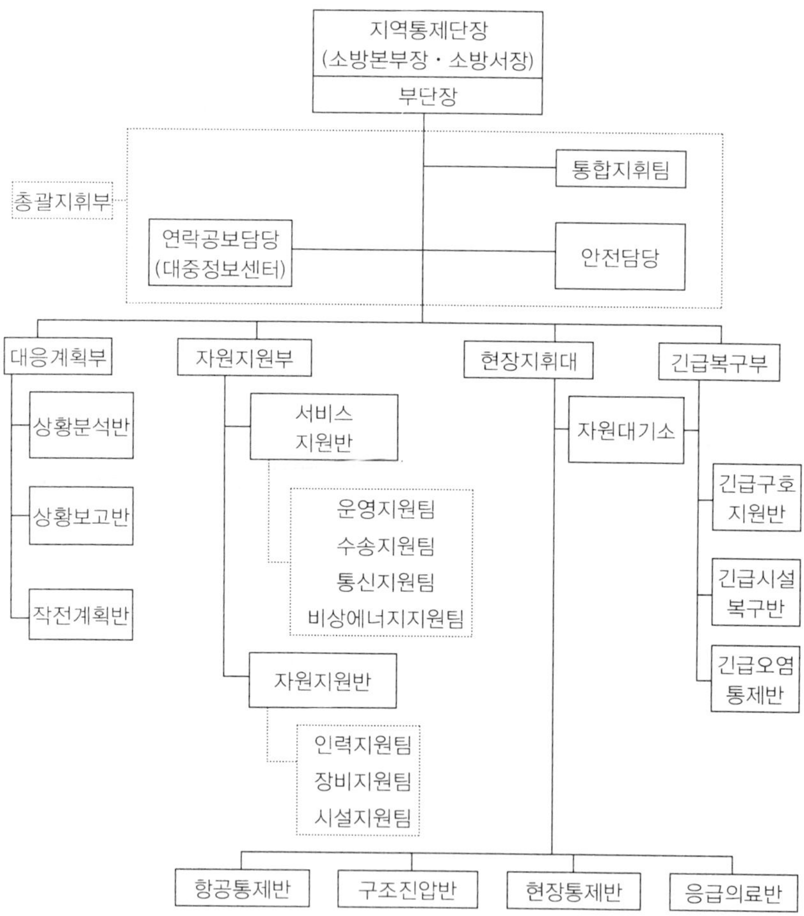

[그림 3-6] 지역긴급구조통제단 조직도

(사) 중앙긴급구조통제단 운영위원회

중앙긴급구조통제단 운영위원회는 위원장 및 부위원장 각 1인을 포함한 20인 이내의 위원으로 구성하게 된다. 위원장은 중앙긴급구조통제단장이 위원 중에서 지명하고 부위원장은 위원 중에서 위원장이 지명하게 되며, 간사는 소방방재청 긴급구조업무 담당과장이 담당하게 된다.

주요 기능은 국가긴급구조대책의 총괄 · 조정, 긴급구조활동의 지휘 · 통제, 긴급구조지원기관간의 역할분담 등 긴급구조를 위한 현장 활동계획의 수립 등의 업무를 담당하게 된다.

2) 자연재해대책법상의 재난대응체계

(1) 재난관리책임기관의 종류와 역할

재난관리책임기관의 종류는 자연재해대책법상에 규정되지 않고 재난 및 안전관리 기본법 제3조에 규정되어 있으며, 자연재해대책법상에서는 단지 재난관리책임기관의 역할에 대하여만 열거하고 있으며 이를 정리하면 <표 3-6>과 같다.

▶ 표 3-6 ◀ 자연재해대책법상의 재난관리책임기관의 역할

관련 조항	재난관리책임기관의 역할
제3조	■ 국가 및 재난관리책임기관의 책무 등 ② 재난관리책임기관의 장은 자연재해예방을 위하여 다음 각호의 소관업무에 해당하는 조치를 취하여야 한다. 1. 자연재해 경감 협의 및 위험지구정비 가. 자연재해 원인조사 및 분석 나. 자연재해위험지구 지정 · 관리 2. 풍수해 예방 및 대비 가. 풍수해저감종합계획 수립 나. 수방기준 제정 · 운영 다. 우수유출저감시설설치기준 제정 · 운영 라. 내풍설계기준 제정 · 운영

第3조	마. 그 밖에 풍수해 예방에 필요한 사항 3. 지진대책 가. 지진재해경감대책 나. 내진설계기준 제정·운영 다. 그 밖에 지진대책에 필요한 사항 4. 설해대책 가. 설해예방대책 나. 각종 제설자재·물자 비축 다. 그 밖에 설해예방에 필요한 사항 5. 가뭄대책 가. 상습가뭄재해지역 해소를 위한 중·장기대책 나. 가뭄극복을 위한 시설관리유지 다. 빗물모으기시설을 활용한 가뭄극복대책 라. 그 밖에 가뭄대책에 필요한 사항 6. 재해정보 및 긴급지원 가. 재해예방정보체계 구축 나. 재해정보 관리·전달체계 구축 다. 재해대비 긴급지원체계 구축 라. 비상대처계획수립 7. 그 밖에 자연재해예방을 위하여 재난관리책임기관의 장이 필요하다고 인정하는 사항 ③ 재난관리책임기관의 장은 자연재해예방을 위하여 재해발생이 우려되는 시설 또는 지역에 대하여 정기 및 수시점검을 실시하여야 한다.
제18조	■ 지구단위홍수방어기준의 설정 및 활용 ① 소방방재청장은 상습침수지역·홍수피해예상지역 그 밖의 수해지역의 재해경감을 위하여 필요한 경우에는 지구단위 홍수방어기준을 정하여야 한다. ② 재난관리책임기관의 장은 개발사업 및 자연재해위험지구정비사업·수해복구사업 그 밖의 재해경감사업(이하 "개발사업등"이라 한다)의 계획을 수립하는 경우 제1항의 규정에 의한 지구단위홍수방어기준을 적용할 수 있다.
제26조	■ 설해예방 및 경감대책 ① 재난관리책임기관의 장은 설해발생에 대비하여 설해예방대책에 관한 조사 및 연구를 하여야 하며, 설해로 인한 재해의 경감을 위한 대책을 강구하여야 한다. ② 재난관리책임기관의 장은 다음 각호의 설해예방 및 경감조치를 취하여야 한다. 1. 설해예방 조직의 정비 2. 도로별 제설 및 지역별 교통대책 강구 3. 설해대비용 물자와 자재 비축·관리 및 장비의 확보 4. 고립·눈사태·교통두절예상지구 등 취약지구의 지정·관리 5. 산악지역 등산로에 대한 통제구역의 지정·관리 6. 설해대책 교육·훈련 및 대국민 홍보 7. 농·수산시설의 설해경감대책 강구 8. 그 밖에 설해예방 및 경감을 위하여 필요한 조치

제26조	③ 재난관리책임기관의 장은 제2항의 설해예방 및 경감조치를 위하여 필요한 때에는 다른 재난관리책임기관의 장에게 협조를 요청할 수 있다. 이 경우 협조요청을 받은 기관은 특별한 사유가 없는 한 이에 응하여야 한다.
제28조	■ 설해예방 및 경감대책 예산의 확보 재난관리책임기관의 장은 제26조의 규정에 의한 설해예방 및 경감대책의 원활한 시행을 위하여 필요한 예산을 확보하여야 한다.
제29조	■ 가뭄방재를 위한 조사·연구 ① 재난관리책임기관의 장은 가뭄방재를 위하여 필요한 조사 및 연구를 하여야 한다. ② 재난관리책임기관의 장은 가뭄방재를 위한 조사·연구를 위하여 가뭄 관련 자료를 소장하고 있는 관계행정기관의 장이나 기상관측연구기관의 장에게 협조를 요청할 수 있다. 이 경우 요청을 받은 관계행정기관의 장 및 기상관측연구기관의 장은 특별한 사유가 없는 한 이에 응하여야 한다.
제32조	■ 가뭄극복을 위한 시설의 유지관리 등 재난관리책임기관의 장은 댐·저수지, 지하수자원 등의 수원함양 및 기능유지 제고를 위하여 소관업무에 대하여 보안림의 지정·관리, 조림, 퇴적토 준설, 지하수자원 인공함양 및 순환 등 필요한 조치를 하여야 한다.
제34조	■ 재해정보체계의 구축 ① 재난관리책임기관의 장은 자연재해의 예방·대비·대응·복구 등에 필요한 재해정보의 관리 및 이용체계(이하 "재해정보체계"라 한다)를 구축·운영하여야 한다. ② 재난관리책임기관의 장은 제1항의 규정에 의한 재해정보체계 구축에 필요한 자료를 관계재난관리책임기관의 장에게 요청할 수 있다. 이 경우 요청을 받은 관계재난관리책임기관의 장은 특별한 사유가 없는 한 이에 응하여야 한다. ③ 소방방재청장은 재난관리책임기관의 장이 제1항의 규정에 의하여 구축한 재해정보체계의 연계·공유 및 유통 등을 위한 종합적인 재해정보체계를 구축·운영하여야 한다. ④ 재난관리책임기관의 장 또는 소방방재청장은 제1항 및 제3항의 규정에 의하여 재해정보체계를 구축·운영하는 경우에 당해 사업이 민간부문에 맡길 수 없거나 행정기관이 직접 개발 또는 운영하는 것이 경제성·효과성 또는 보안성 측면에서 현저하게 우수하다고 판단되는 경우를 제외하고는 민간부문에 그 개발 및 운영을 의뢰하여야 한다.
제36조	■ 지역긴급지원체계의 구축 시·도 및 시·군·구본부장과 시·도 및 시·군·구의 전부 또는 일부를 관할구역으로 하는 재난관리책임기관의 장은 자연재해가 발생하거나 발생할 우려가 있는 경우 업무별 지원기능에 따라 신속한 지원체제를 가동하기 위하여 대통령령이 정하는 바에 따라 소관 사무에 대하여 긴급지원계획을 수립하여야 한다.
제45조	■ 재해유형별 행동요령의 작성·활용 ① 재난관리책임기관의 장은 자연재해가 발생하는 경우에 대비하여 기관 및 지역여건에 적합한 재해유형별 상황수습 및 대처를 위한 행동요령을 작성·활용하

第45조	여야 한다. ② 중앙본부장은 재난관리책임기관의 장이 작성한 재해유형별 행동요령에 대하여 평가를 실시할 수 있다. ③ 재해유형별 행동요령에 포함할 내용은 대통령령으로 정한다.
第46조	▪ 재해복구계획의 수립 · 시행 ① 재난관리책임기관의 장은 소관시설 또는 업무에 관계되는 자연재해가 발생한 때에는 이 법 또는 다른 법령에 특별한 규정이 있는 경우를 제외하고는 즉시 재해복구계획을 수립 · 시행하여야 한다.
第49조	▪ 재해복구사업실시계획의 작성 · 공고 등 ① 재난관리책임기관 또는 소방방재청장으로부터 재해복구업무를 위임받아 시행하고 있는 재해복구사업의 시행청(이하 "재해복구사업의 시행청"이라 한다)은 제4항 각호의 관계법령에 의한 허가 · 인가 등이 필요한 경우에는 사업별 실시계획을 작성하여 해당 지역본부장에게 인가를 받은 후 공고하고 설계도서를 일반인이 열람할 수 있도록 하여야 한다.
第55조	▪ 복구사업의 관리 ④ 재해복구사업을 시행하는 재난관리책임기관의 장은 대통령령이 정하는 바에 의하여 중앙본부장에게 그 추진상황을 통보하여야 한다.
第58조	▪ 자연재해예방 등을 위한 연구개발사업의 육성 ② 소방방재청장 및 재난관리책임기관의 장은 제1항의 규정에 의한 연구개발사업 및 관련사업을 육성하기 위하여 행정 · 재정적인 지원을 할 수 있다.
第63조	▪ 자연재해저감기술 · 정보의 보급 등 ④ 정부는 자연재해저감산업체 · 재난관리책임기관 · 자연재해저감연구기관 그 밖의 재난관련단체 에게 자연재해저감기술의 개발, 우수한 자연재해저감기술의 도입 및 자연재해저감기술 · 정보의 교환을 권고할 수 있다.
第64조	▪ 자연재해저감시설의 유지관리 평가 ① 재난관리책임기관의 장은 재해예방을 위하여 대통령령이 정하는 소관 자연재해저감시설을 성실히 유지관리하여야 한다. ② 중앙본부장은 재난관리책임기관별로 소관 자연재해저감시설의 유지관리에 대한 평가를 실시할 수 있다.
第70조	▪ 국고보조 등 국가는 자연재해위험지구정비 등의 자연재해예방대책, 자연재해응급대책 또는 자연재해 복구사업의 원활한 추진을 위하여 필요한 때에는 그 비용(제68조의 규정에 의한 손실보상금 을 포함한다)의 전부 또는 일부를 국고에서 부담하거나 지방자치단체 또는 재난관리책임 기관에 보조할 수 있다.

(2) 재난관리기구의 종류와 역할

(가) 중앙합동지원단

중앙재난안전대책본부장은 긴급지원이 필요한 자연재해가 발생하거나 발생할 우려가 있는 경우에는 대통령이 정하는 바에 따라 관계중앙행정기관과 합동으로 중앙합동지원단을 구성하여 운영하게 된다.

주요 기능은 자연재해 발생 지역의 재난수습 지원, 자연재해 발생원인의 조사 및 분석 지원, 재난수습을 위하여 관계중앙행정기관에서 행정・재정적으로 지원할 사항에 관한 중앙재난안전대책본부장에 대한 보고, 그 밖에 재난수습 상황 등에 대한 파악의 업무를 담당하게 된다.[7]

(나) 지역합동조사단

광역자치단체에 설치하는 지역합동조사단은 관계 재난관리책임기관의 전문가 및 민간 전문가로 구성되며 단장은 시・도지사가 지명하게 된다.

주요 기능은 피해상황 조사 및 총괄조사표 작성, 재난피해 조사서 대장 작성, 피해복구계획(안)과 공공시설 피해 및 복구내역 조사 등의 업무를 담당하게 된다.

(다) 비상지원본부

지역재난안전대책본부장은 재난이 발생할 우려가 있거나 발생하여 현장상황의 관리가 필요하다고 인정되는 경우에는 접근이 쉬운 곳에 비상지원본부를 설치하게 된다.

비상지원본부가 설치된 경우에는 당해 지역을 관할하는 재난관리책임기관의 장 또는 지역재난안전대책본부의 소속직원을 책임자로 지정

7) 자연재해대책법 제35조 제5항.

하여 비상지원본부를 운영하게 된다.

3) 사례분석: 삼척시의 경우

(1) 삼척시 재난안전대책본부 운영실태

삼척시 재난안전대책본부의 운영기간은 풍수해 등 자연재난의 경우 자연재난대책기간인 매년 5월 15일부터 10월 15일까지의 기간과 기상 이변 등으로 대규모 재난이 발생할 우려가 있어 삼척시 재난안전대책본부장이 필요하다고 인정하는 기간에 설치하여 운영하게 된다.

삼척시 재난안전대책본부의 구성은 본부장과 차장, 총괄조정관, 통제관, 담당관 및 실무반으로 구성되어 있다.

본부장은 시장이 되며, 삼척시 재난안전대책본부의 업무를 총괄하게 된다. 차장은 부시장이 되며 본부장을 보좌하고, 총괄조정관은 부시장이 겸임하며 본부장과 차장을 보좌하게 된다.

통제관은 경제건설국장이 되며 총괄조정관을 보좌하고 담당관은 삼척시 소속공무원 중 해당 재난관련 업무를 담당하는 부서의 과장이 되며 소관업무에 대하여 소관 분야 통제관을 보좌하도록 되어 있다.

또한, 본부에 두는 종합상황실의 장은 종합상황실 업무를 담당하게 된다. 실무반은 재난의 예방, 대비, 대응, 복구 등을 위한 실무를 수행하게 되며, 실무반의 구성은 삼척시 소속공무원 중 해당 재난관련 업무를 담당하는 공무원과 지역재난관리책임기관·기업체 및 민간단체 등으로부터 파견된 자로 구성하여 운영하게 되며 [그림 3-7]과 같다.

삼척시의 상시대비체제의 실무반 편성 및 반별임무는 <표 3-7>과 같다.

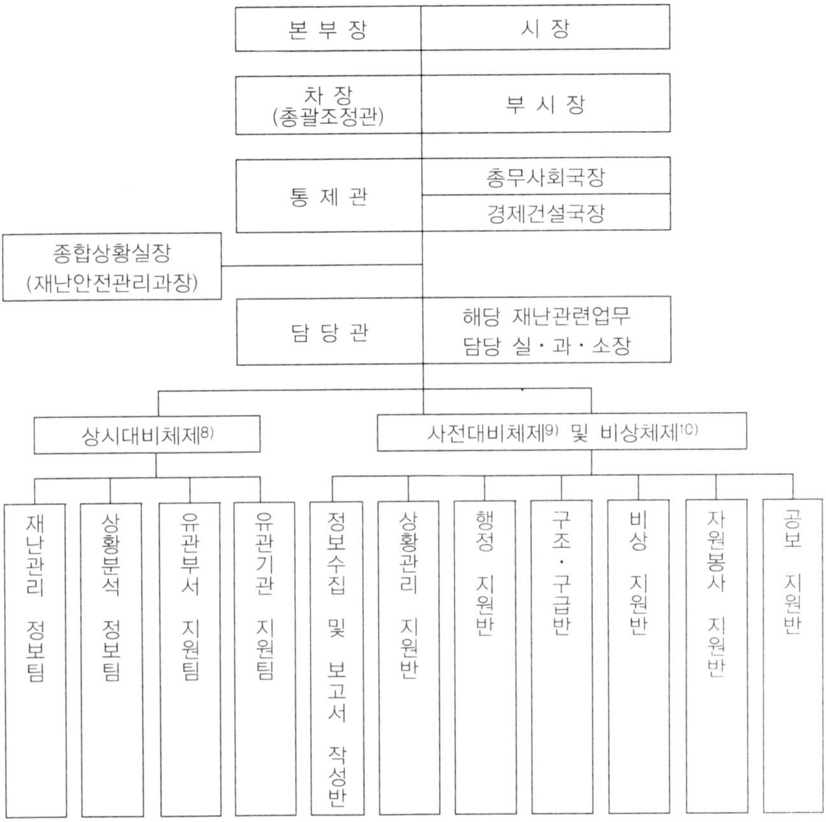

자료: 삼척시, 「2007 안전관리계획」, 강원일보사, 2007, p. 23.

[그림 3-7] 삼척시 재난안전대책본부의 조직도

---

8) 상시대비체제는 특별한 재난발생의 징후는 없으나 재난이 발생하는 경우에 신속한 대응을 위하여 지속적인 상황관리가 필요한 단계를 말함.

9) 사전대비체제는 기상청에서 발표하는 기상종합정보 중 예비특보 또는 주의보의 발령으로 재난에 대한 대비체제의 가동이 필요한 단계를 말함.

10) 비상체제는 기상청에서 발표하는 기상종합정보 중 경보발령으로 전국 또는 지역적인 재난발생 위험이 상당한 수준에 이르러 삼척시 재난안전대책본부의 재난대비체제를 비상근무체제로 전환하는 단계 또는 삼척시재난안전대책본부장이 인정하는 이에 준하는 단계를 말함.

▶ 표 3-7 ◀ 상시대비체제의 실무반 편성 및 반별임무

반 별	근 무 자		직책 및 임무	
	소 속	직 급	직책	임 무
계		20 명		
총 괄	재난안전 관 리 과	재난관리담당	팀장	· 재난안전대책본부 종합상황실 업무 총괄
재 난 관 리 정보팀	재난안전 관 리 과	복구지원담당	팀장	· 정보의 수집 · 전파, 상황관리 및 총괄 조정 · 기상상황 등 재난진행상황 파악 및 전달
		복구지원 차석	팀원	· 재난정보 수집 · 분석 · 재난 대응 · 응급복구 상황에 관한 자료수집
상 황 분 석 정보팀	재난안전 관 리 과	민방위담당	팀장	· 재난의 예측 및 분석관리
		재난관리 차석	팀원	· 상시 모니터링시스템 구축 · 운영
유 관 부 서 지원팀	건 설 과	토 목 담 당	팀장	· 재해우려지역 사전점검 및 예방조치
	주민생활지원과	사 회 담 당	팀원	· 사상자 및 이재민 수용시설 관리
	환경보호과	생활환경담당	팀원	· 쓰레기 수거대책
	지역경제과	기업지원담당	팀원	· 공장시설 피해예방 홍보 지원대책 · 피해주민 특별융자 알선지원
	농업정책과	농산지원담당	팀원	· 농경지, 농작물 등 사전점검 및 예방
	산림녹지과	산불방지담당	팀원	· 산사태 우려 지역 예방조치
	해양수산과	어업진흥담당	팀원	· 수산증양식시설 등 사전점검 및 예방
	보 건 소	예방의약담당	팀원	· 의료 · 방역활동 체제
유 관 기 관 지원팀	재난안전 관 리 과	지역협력담당	팀장	· 유관부서 지원 총괄
	한 전 삼척지점	배전과 담당자	팀원	· 전기시설 사전점검 및 예방
	K T 삼척지점	통신시설 담당자	팀원	· 통신시설 사전점검 및 예방
	농업기반공사	저수지 담당자	팀원	· 저수지 사전점검 및 예방
	제1902부대	군수과 담당자	팀원	· 군시설 사전점검 및 예방
	삼척소방서	방호구조과 담 당 자	팀원	· 긴급구조업무
	삼척경찰서	경비교통과 담 당 자	팀원	· 교통통제 및 치안유지

자료: 삼척시, 「2007 안전관리계획」, 2007, p. 29.

삼척시의 사전대비 및 비상체제의 실무반 편성 및 반별임무는 <표 3-8>과 같다.

▶ 표 3-8 ◀ 사전대비 및 비상체제의 실무반 편성 및 반별임무

반별			근무자		직책 및 임무	
			소속	직급	직책	임무
계				2개조		1조: 홀수일, 2조: 짝수일
정보수집 및 보고서 작성반 (반장: 재난안전관리과장)		1조	재난안전관리과	재난관리담당	조장	· 정보수집 및 상황분석 총괄
				복구지원차석	조원	· 일일상황보고서 및 상황일지 작성 · NDMS 활용 피해상황 파악 등
				복구지원삼석	조원	· 긴급상황 관리 · 재난진행상황 파악 및 사전예방조치 등
		2조	재난안전관리과	복구지원담당	조장	· 정보수집 및 상황분석 총괄
				재난관리차석	조원	· 일일상황보고서 및 상황일지 작성 · NDMS 활용 피해상황 파악 등
				재난관리삼석	조원	· 긴급상황 관리 · 재난진행상황 파악 및 사전예방조치 등
상황관리지원반 (반장: 총무과장)	총괄	1조	기획감사실	기획담당	조장	· 상황관리지원 업무 총괄
		2조	기획감사실	예산담당	조장	· 상황관리지원 업무 총괄
	관리지원팀	1조	총무과	인사담당	조장	· 주요 인사 현장방문 운영 · 상황실 회의 및 보고회 관련 장비운영
			기획감사실	혁신분권담당	조원	· 현장상황지원관 파견, 중앙수습 지원단 지원 · 상황근무자 식사·야식 등 후생복지
		2조	총무과	기록물관리담당	조장	· 주요 인사 현장방문 운영 · 상황실 회의 및 보고회 관련 장비운영
			기획감사실	법무통계담당	조원	· 현장상황지원관 파견, 중앙수습 지원단 지원 · 상황근무자 식사·야식 등 후생복지
	상황분석판단팀	1조	세무과	세정담당	조장	· 상황판단회의 개최 및 대처계획 수립보고 · 상시모니터링시스템 구축, TV모니터링
			회계과	복식부기담당	조원	· 관계기관 근무자 파견요청 · 본부장 특별지시사항 처리 · 민심동향, 미담사례 등 확인

<table>
<tr><td rowspan="2">상황관리지원반 (반장: 총무과장)</td><td rowspan="2">상황분석판단팀</td><td rowspan="2">2조</td><td>세 무 과</td><td>징수담당</td><td>조장</td><td>· 상황판단회의 개최 및 대처계획 수립보고
· 상시모니터링시스템 구축, TV모니터링</td></tr>
<tr><td>회 계 과</td><td>관재담당</td><td>조원</td><td>· 관계기관 근무자 파견요청
· 본부장 특별지시사항 처리
· 민심동향, 미담사례 등 확인</td></tr>
<tr><td colspan="2" rowspan="2">행 정 지원반 (반장: 기획감사실장)</td><td>1조</td><td>총 무 과</td><td>공무원단체 담당</td><td>조장</td><td>· 행정지원업무 총괄
· 주요 인사 방문시 의전업무
· 상황근무자 근무명령 및 복무단속</td></tr>
<tr><td>2조</td><td>기획감사실</td><td>감사담당</td><td>조장</td><td>· 행정지원업무 총괄
· 주요 인사 방문시 의전업무
· 상황근무자 근무명령 및 복무단속</td></tr>
<tr><td colspan="2" rowspan="2">구 조 구급반 (반장: 방호구조과장)</td><td>1조</td><td>삼척소방서</td><td>방호구조과 직원</td><td>조장</td><td>· 긴급 구조구급업무</td></tr>
<tr><td>2조</td><td>삼척소방서</td><td>방호구조과 직원</td><td>조장</td><td>· 긴급 구조구급업무</td></tr>
<tr><td colspan="2" rowspan="12">비 상 지원반 (반장: 건설과장)</td><td rowspan="12">1조</td><td>관광정책과</td><td>관광기획담당</td><td>조장</td><td>· 재난관련 비상지원업무 총괄</td></tr>
<tr><td>주민생활 지 원 과</td><td>사회담당</td><td>조원</td><td>· 이재민수용, 구호센터 운영</td></tr>
<tr><td>환경보호과</td><td>생활환경담당</td><td>조원</td><td>· 쓰레기 대책 및 임시적환장 운영</td></tr>
<tr><td>지역경제과</td><td>기업지원담당</td><td>조원</td><td>· 공장시설 등 조치·파악</td></tr>
<tr><td>농업정책과</td><td>농산지원담당</td><td>조원</td><td>· 농작물, 축산시설 등 조치·파악</td></tr>
<tr><td>산림녹지과</td><td>산불방지담당</td><td>조원</td><td>· 산사태 위험시설물 및 산림 조치·파악</td></tr>
<tr><td>건 설 과</td><td>치수담당</td><td>조원</td><td>· 도로소통·하천 등 시설물 조치·파악</td></tr>
<tr><td>도 시 과</td><td>도시교통담당</td><td>조원</td><td>· 교통시설물 및 수송대책</td></tr>
<tr><td>건 축 과</td><td>건축행정담당</td><td>조원</td><td>· 주택 등 조치·파악</td></tr>
<tr><td>해양수산과</td><td>해양수산담당</td><td>조원</td><td>· 수산시설 등 조치·파악</td></tr>
<tr><td>보 건 소</td><td>보건행정담당</td><td>조원</td><td>· 의료지원 및 방역반 운영</td></tr>
<tr><td>상하수도 사 업 소</td><td>하수담당</td><td>조원</td><td>· 상하수도시설 등 조치·파악</td></tr>
</table>

<table>
<tr><td colspan="2" rowspan="13">비 상
지원반
(반장:
건설과장)</td><td rowspan="13">2조</td><td>관광정책과</td><td>관광홍보담당</td><td>조장</td><td>· 재난관련 비상지원업무 총괄</td></tr>
<tr><td>주민생활
지 원 과</td><td>복지기획담당</td><td>조원</td><td>· 이재민수용, 구호센터 운영</td></tr>
<tr><td>환경보호과</td><td>환경지도담당</td><td>조원</td><td>· 쓰레기 대책 및 임시적환장 운영</td></tr>
<tr><td>지역경제과</td><td>광공업담당</td><td>조원</td><td>· 공장시설 등 조치 · 파악</td></tr>
<tr><td>농업정책과</td><td>유통특작담당</td><td>조원</td><td>· 농작물, 축산시설 등 조치 · 파악</td></tr>
<tr><td>산림녹지과</td><td>산림보호담당</td><td>조원</td><td>· 산사태 위험시설물 및 산림 조치 · 파악</td></tr>
<tr><td>건 설 과</td><td>기반조성담당</td><td>조원</td><td>· 도로소통 · 하천 등 시설물 조치 · 파악</td></tr>
<tr><td>도 시 과</td><td>도시계획담당</td><td>조원</td><td>· 교통시설물 및 수송대책</td></tr>
<tr><td>건 축 과</td><td>건축담당</td><td>조원</td><td>· 주택 등 조치 · 파악</td></tr>
<tr><td>해양수산과</td><td>어업진흥담당</td><td>조원</td><td>· 수산시설 등 조치 · 파악</td></tr>
<tr><td>보 건 소</td><td>예방의약담당</td><td>조원</td><td>· 의료지원 및 방역반 운영</td></tr>
<tr><td>상하수도
사 업 소</td><td>공무담당</td><td>조원</td><td>· 상하수도시설 등 조치 · 파악</td></tr>
<tr><td colspan="2" rowspan="6">자 원
봉 사
지원반
(반장:
주민생활
지원과장)</td><td rowspan="3">1조</td><td>재난안전
관 리 과</td><td>지역협력담당</td><td>조장</td><td>· 자원봉사지원 업무 총괄</td></tr>
<tr><td>세 무 과</td><td>과표담당</td><td>조원</td><td>· 인력 접수관리
· 인력 배치관리</td></tr>
<tr><td>회 계 과</td><td>차량관리담당</td><td>조원</td><td>· 장비 · 차량 운영관리</td></tr>
<tr><td rowspan="3">2조</td><td>재난안전
관 리 과</td><td>민방위담당</td><td>조장</td><td>· 자원봉사지원 업무 총괄</td></tr>
<tr><td>세 무 과</td><td>재산세담당</td><td>조원</td><td>· 인력 접수관리
· 인력 배치관리</td></tr>
<tr><td>건 설 과</td><td>관리담당</td><td>조원</td><td>· 장비 · 차량 운영관리</td></tr>
<tr><td rowspan="4">공보지원반 (반장: 문화공보실장)</td><td rowspan="2">총괄및공보팀</td><td>1조</td><td>문화공보실</td><td>문화예술담당</td><td>조장</td><td>· 보도지원 및 공보업무 총괄
· 각종 TV · 라디오 인터뷰 전담 등</td></tr>
<tr><td>2조</td><td>문화공보실</td><td>공보담당</td><td>조장</td><td>· 보도지원 및 공보업무 총괄
· 각종 TV · 라디오 인터뷰 전담 등</td></tr>
<tr><td rowspan="2">보도지원팀</td><td>1조</td><td>문화공보실</td><td>체육진흥담당</td><td>조장</td><td>· 재난상황별 국민행동요령 홍보 등</td></tr>
<tr><td>2조</td><td>문화공보실</td><td>청소년담당</td><td>조장</td><td>· 재난상황별 국민행동요령 홍보 등</td></tr>
</table>

자료: 삼척시, 「2007 안전관리계획」, 강원일보사, 2007, p. 30~32.

(2) 삼척시 긴급구조통제단 운영실태

삼척소방서에서 운영하는 삼척시 긴급구조통제단(단장: 소방서장)은 삼척시 차원의 긴급구조활동을 통합하여 조정하는 역할을 담당하게 된다.

재난현장의 각 지원기관의 현장지휘소는 긴급구조통제단에 해당 지휘소의 가동 여부와 운영 위치에 대하여 통보하여야 하며, 각 지원기관의 장은 시 전역에 걸친 대응활동에 대하여 통합적으로 조정하기 위한 지원책임을 가지게 된다.

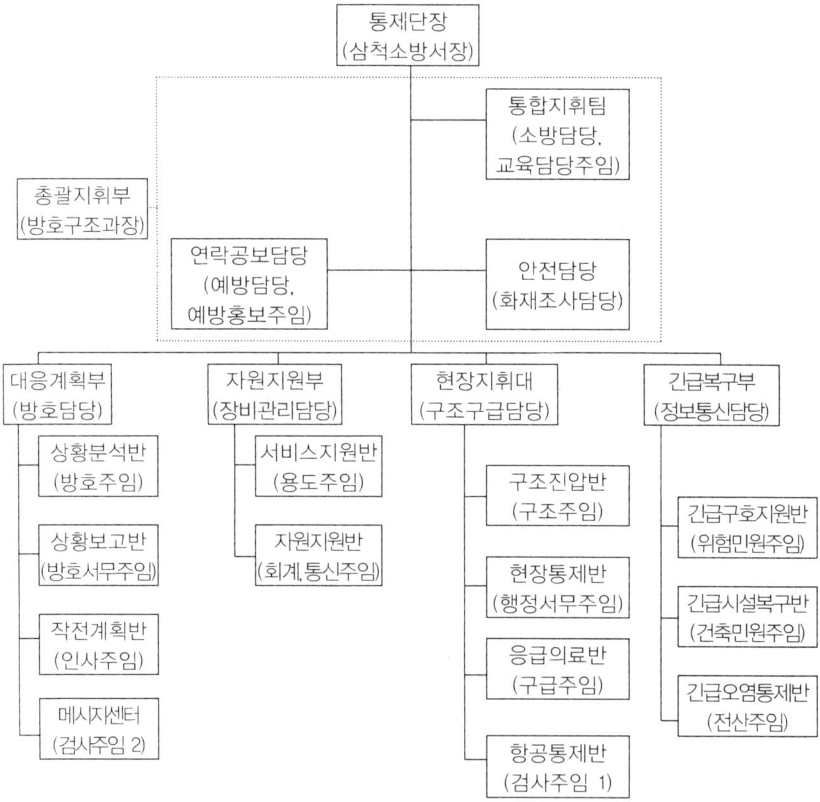

자료: 삼척소방서, 「긴급구조대응계획」, 2007, p. 40.

[그림 3-8] 삼척시 긴급구조통제단 조직도

삼척시 긴급구조통제단은 [그림 3-8]과 같이 구성되어 있다.

삼척시 긴급구조통제단은 4개 부와 현장지휘대로 구성되어 있으며, 각 부별 주요 임무는 대응계획부는 재난상황분석, 대응정책 개발, 대응 우선순위 결정, 전반적인 대응활동계획의 조정 등의 업무를, 현장 지휘대는 현장 대응활동을 총괄 조정・통제 등의 업무를, 자원지원부는 통제단 각 부의 업무지원 및 현장 대응자원을 제공하는 등의 업무를, 긴급복구부는 긴급구조활동을 지원하는 긴급시설복구, 재난희생자의 긴급구호, 긴급오염통제 등의 업무를 담당하게 된다.

삼척시 긴급구조통제단의 부서별 임무를 세분화하면 <표 3-9>와 같다.

▶ 표 3-9 ◀ 삼척시 긴급구조통제단의 부서별 임무

<table>
<tr><th colspan="2">부 서 별</th><th>주 요 임 무</th><th>대응계획</th><th>책임기관</th><th>지원기관</th></tr>
<tr><td colspan="2">시 통제단장
(소방서장)</td><td>- 긴급구조활동의 총괄 지휘・조정・통제
- 삼척시 긴급구조대응계획의 가동 책임</td><td>지휘통제계획
(기능별 계획 #1)</td><td>소방서</td><td></td></tr>
<tr><td colspan="2">상황실
(소방행정과장)</td><td>- 상황실 운영</td><td>지휘통제계획
(기능별 계획 #1)</td><td>소방서</td><td></td></tr>
<tr><td rowspan="3">총괄
지휘부
(방호
구조
과장)</td><td>통 합
지휘팀
(소방담당)
(교육담당
주임)</td><td>- 전반적 대응목표 및 전략 결정
- 공동 이행(소속기관별 임무분담 및 이행)
- 전반적 자원활용의 조정
- 기타 통제단장 지원활동</td><td>각 소속기관
세부대응계획
(긴급구조지원기관)</td><td>소방서</td><td>유관
기관
연락관
파견</td></tr>
<tr><td>연 락
공보담당
(예방담당)
(예방홍보
주임)</td><td>- 대중정보제공에 관한 사항
- 대중매체 홍보에 관한 사항
- 상황실과 공동으로 비상경고계획 이행
- 대책본부장 및 의회 연락 및 보고에 관한 사항</td><td>대중정보계획
(기능별 계획 #3)</td><td>소방서</td><td>방송
신문
기관・
단체</td></tr>
<tr><td>안전담당
(화재조사
담당)</td><td>- 재난현장의 안전진단 및 안전조치
- 현장활동 요원들의 안전수칙 수립 및 교육</td><td>지휘통제계획
(기능별 계획 #1)</td><td>소방서</td><td></td></tr>
</table>

대응 계획부 (방호 담당)	상 황 분석반 (방호주임)	- 재난상황정보의 수집·분석 및 대응 목표 우선순위 설정 - 재난상황예측 - 작전계획반과 공동으로 대응활동 계획 수립	지휘통제계획 (기능별 계획 #1)	소방서	
	상황 보고반 (방호서무 주임)	- 대책본부장 및 본부통제단 등에 대한 보고서 작성	지휘통제계획 (기능별 계획 #1)	소방서	
	작 전 계획반 (인사주임)	- 현장 대응활동계획 수립 및 배포 - 작전계획에 따른 자원할당	지휘통제계획 (기능별 계획 #1)	소방서	
	메시지센터 (검사주임2)	- 작전계획 및 보고서 등 각종 메시지 전달 - 상황실과 방송국간 메시지 전달	지휘통제계획 (기능별 계획 #1)	소방서	
자원 지원부 (장비 관리 담당)	서비스 지원반 (용도주임)	- 운영지원팀: 통제단 운영지원 및 현장지휘소 설치 - 수송지원팀: 긴급구조자원 수송지원 - 통신지원팀: 현장지휘 및 자원 관리에 필요한 통신지원 - 비상에너지지원팀: 전기, 연료 등 지원	지휘통제계획 (기능별 계획 #1) 재난통신계획 (기능별 계획 #11)	소방서	수송 관련 기관· 단체
	자 원 지원반 (회계, 통신주임)	-- 인력지원팀: 현장인력지원 및 자원 집결지 운영 - 장비지원팀: 현장 필요장비 동원 및 지원 - 시설지원팀: 현장 필요시설 동원 및 지원	지휘통제계획 (기능별 계획 #1)	소방서	장비, 인력
현 장 지휘대 (구조 구급 담당)	구 조 진압반 (구조주임)	- 통제단인명구조 및 화재 등 위험진압 및 지원 - 구조진압반 지휘·조정·통제 - 자원대기소 운영	구조진압계획 (기능별 계획 #5)	소방서	소방관서
	현장통제반 (행정서무 주임)	- 삼척시 대피계획 지원 - 각 대응구역별 현장자원의 지휘·조정·통제	현장통제계획 (기능별 계획 #8)	삼척 경찰서	자율방범 단체 등
	응 급 의료반 (구급주임)	- 삼척시 차원의 응급의료 및 자원 지원활동 - 대응구역별 응급의료 자원의 지휘·조정·통제 - 사상자 분산이송통제 - 사상자 현황파악 및 상황보고반에 대한 보고자료 제공	응급의료계획 (기능별 계획 #6)	삼척시 보건소	의료기관
	항공 통제반 (검사주임1)	- 항공대 운항통제 및 이착륙장 관리 - 응급환자 원거리 항공이송 통제	항공구조활동 지 침	소방본부	

긴급 복구부 (정보 통신 담당)	긴 급 구호반 (위험민원 주임)	- 삼척시 차원의 긴급구호 및 자원 지원활동 - 긴급구조요원 및 자원봉사자에 대한 의식주 지원	긴급구호계획 (기능별 계획 #10)	대한적 십자사 강원지사	자원봉사 단체 등
	긴급시설 복 구 반 (건축민원 주임)	- 삼척시 차원의 긴급시설복구 및 원지원활동 - 통제단 긴급시설복구자원의 지휘・조정・통제	긴급복구계획 (기능별 계획 #9)	삼척시 경제 건설국	전기, 가스, 수도, 통신
	긴급오염 통 제 반 (전산주임)	- 삼척시 차원의 긴급오염통제 및 원지원활동 - 시 통제단 긴급오염통제자원의 휘・조정・통제	오염통제계획 (기능별 계획 #7)	삼척시 환경 보호과	환경관 련기관

자료: 삼척소방서, 「긴급구조대응계획」, 2007, p. 67.

삼척시 긴급구조통제단은 인위재난(국소지역 재난)시에는 현장에 설치하고, 자연재난(광범위한 지역재난)시에는 119종합상황실에 설치하는 것을 원칙으로 하고 있으며, 긴급구조통제단의 운영시기는 <표 3-10>과 같이 대응단계 중 대부분 「대응단계 2」나 「대응단계 3」에서 가동하게 된다.

(3) 삼척시 비상지원본부 운영실태

비상지원본부의 조직 및 운영 등에 관하여 필요한 사항은 해당 지방자치단체의 조례로 정하도록 하고 있다.

삼척시의 경우 삼척시 재난안전대책본부운영조례 제12조의 규정에 의하면, 삼척시 재난안전대책본부장은 재난이 발생하여 현장상황의 관리가 필요하다고 판단되는 경우에 재난현장에 접근이 쉬운 곳에 비상지원본부를 설치할 수 있도록 하고 있다.

이때 수습책임이 있는 관계기관의 장을 책임자로 지정하여 운영할 수 있도록 규정하고 있으며, 비상지원본부의 책임자는 삼척시 긴급구조통제단장과 유기적으로 협조하여 재난사태를 수습하도록 하고 있다.

▶ 표 3-10 ◀ 대응단계별 통제단 운영

대응 단계	재난 규모	활동 개요	비고
대응 단계 0 (대비단계)	일상적 대비 업무수행	· 삼척시 차원의 긴급구조대응체계 및 절차를 마련하고 연습 및 훈련을 실시	
대응 단계 1	일상적 사고	· 일상적으로 발생되는 소규모 사고발생 상황 · 긴급구조지휘대(소방 · 경찰 · 응급의료)의 일상적 현장지휘체제가 이용되고 삼척소방서 현장지휘대장이 상황실에 보고 · 상황실에서 사고 상황을 모니터하면서 지원기능을 수행 · 삼척시 긴급구조통제단 부분적 운영	
대응 단계 2	중형 재난	· 삼척소방서 현장지휘대가 재난대응구역별 재난초기 현장지휘체계를 확립하고, 현장지휘대는 삼척시 긴급구조통제단으로 확대 운영 · 소방본부 통제단(도 통제단)이 필요에 따라 부분 또는 전면적으로 가동 · 부분 가동되는 소방본부 통제단의 각 부장들은 각 부별 운영상황에 대해 통제단장에 즉시 보고 · 각 대응구역별 지원기관은 현장지휘소를 설치하고 즉시 긴급구조통제단(통합 현장지휘소)의 통합지휘팀에 연락관을 파견 · 파견된 연락관은 소속 현장지휘소 설치현황과 출동자원의 현황에 대해 소방서 통제단장에 통보하고 통합지휘팀회의에 참가	지역 재난 선포
대응 단계 3	대형 재난	· 삼척시의 일상적 업무수행이 곤란, 강원도 차원의 전면적 지원 필요, 중앙통제단의 지원활동을 필요로 하는 상황 · 각 현장지휘대가 재난대응구역별 지휘체계를 확립하고, 삼척시 및 도 통제단이 완전 가동되며, 중앙통제단이 부분 또는 전면 운영 · 도통제단 각 부장들은 각 부별 운영상황에 대해 통제단장에 즉시 보고 · 강원도 차원의 지원기관(부서)은 자체 현장지휘소를 설치하고 즉시 도 통제단의 통합지휘팀에 연락관을 파견 · 파견된 연락관은 소속 현장지휘소 설치현황과 출동자원의 현황에 대해 통제단장에 통보하고 강원도통제단 통합지휘팀 회의에 참가 · 삼척시 긴급구조통제단장은 자동적으로 재난대응구역별 통합 현장지휘관이 됨 · 긴급대응계획에 참여하는 모든 지원기관은 통제단 운영요원을 배치	특별 재난 지역 선포

자료: 삼척소방서, 「소방방재분야 현장조치 행동매뉴얼」, 2006, p. 118~119.

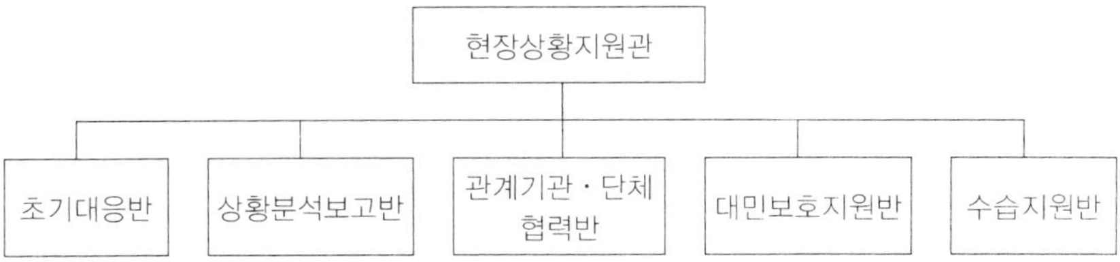

자료: 삼척시 재난안전대책본부운영조례 제12조 제3항 재작성.

[그림 3-9] 비상지원본부의 조직도

삼척시 비상지원본부의 조직은 초기대응반, 상황분석보고반, 관계기관·단체 협력반, 대민보호지원반, 수습지원반 중 필요한 반을 둘 수 있도록 규정하고 있으며 [그림 3-9]와 같다.

라. 재난대응기구의 역할 비교

대부분의 재난대응기구의 가동시기는 재난발생 우려시 또는 재난발생시에 가동되며, 재난대응기구의 역할을 살펴보면, 안전관리위원회는 안전관리정책의 심의 및 총괄조정기능을, 재난안전대책본부는 재난의 예방·대비·대응·복구에 대하여 총괄·조정하는 기능을 담당하게 된다.

또한, 긴급구조통제단은 긴급구조에 관한 총괄·조정을, 중앙합동지원단은 자연재난 발생 지역의 재난수습기능과 중앙재난안전대책본부장에게 보고기능을 담당하고, 비상지원본부는 자연재난 현장의 상황관리를 주로 담당하는 기구로 조직되어 있다.

주요 재난대응기구의 법적 근거와 가동시기 및 주요 임무를 비교하면 <표 3-11>과 같다.

▶ 표 3-11 ◀ 주요 재난대응기구의 비교 분석

기구명	근거법	가동시기	주요 임무	비고
안전관리 위원회	재난 및 안전관리 기본법 제9~11조	필요시	안전관리정책 심의 및 총괄 조정 등	모든 재난
재난안전 대책본부	재난 및 안전관리 기본법 제14~17조	자연재난대책기간 인적재난대책기간 필요시	재난의 예방 · 대비 · 대응 · 복구 등 총괄 · 조정	모든 재난
긴급구조 통제단	재난 및 안전관리 기본법 제49~50조	재난발생 우려시 재난발생시	긴급구조에 관한 총괄 · 조정	자연재난 인적재난
중앙합동 지원단	자연재해대책법 제35조 제5항	자연재해 발생 우려시 자연재해 발생시	자연재난발생 지역의 재난수습 지원	자연재난
비상지원 본부	자연재해대책법시행령 제81조	자연재해 발생 우려시 자연재해 발생시	현장상황관리	자연재난

2. 지역 재난대응 관련 매뉴얼 측면

1) 재난 및 안전관리 기본법상의 재난대응 관련 계획

(1) 안전관리계획

국무총리는 국가의 안전관리업무에 관한 기본계획인 국가안전관리기본계획을 5년마다 수립하여야 하며, 기본계획에는 총칙과 풍수해대책, 설해대책, 가뭄재난대책, 지진재난대책, 해일대책, 황사대책, 항공재난대책, 철도재난대책, 도로재난대책, 해상재난대책, 방사능방재대책, 전기 · 유류 · 가스재난대책, 폭발 · 대형화재대책, 건축물 · 통신 등 시설물재난대책, 독극물 · 환경오염사고대책, 국가기반체계 보호대책, 산업재난대책 등이 포함되어야 한다.

각 대책별로는 재난관리체제, 중 · 장기 재난대책사업, 재난정보관리체계, 재난관리 과학기술의 연구 · 발전, 재난관리체계의 전산화계획, 재난대책에 관한 기본적인 계획, 재난관리의 평가 및 개선 등의 내용이 포함되어야 한다.

또한, 자재의 비축 · 수급과 장비 및 시설의 확보, 재난관리교육 · 훈련 및 홍보, 특정관리대상시설의 관리, 재난응급복구대책, 주민대피계획, 재난예보 · 경보 요령, 재난정보의 수집 및 전달체계, 재난구조 및 응급구호장비 · 시설의 확보, 방역 등 보건위생 및 부상자 치료대책, 전기 · 통신의 긴급소통계획 및 교통수송대책, 군장비 및 병력의 지원 · 협조, 재난복구, 재난예방 사업계획 및 관리대책, 응급조치 일시 사용 장비 · 인력 현황 등 시 · 도 안전관리계획, 시 · 군 · 구 안전관리계획의 지침에 관한 사항을 포함하여 국가안전관리기본계획 지침을 작성하여 관계 중앙행정기관의 장에게 시달하고, 관계 중앙행정기관의 장은 수립지침에 따라 그 소관에 속하는 안전관리업무에 관한 기본계획을 작성 후 국무총리에게 제출하도록 규정되어 있다.

국무총리는 관계 중앙행정기관의 장이 제출한 기본계획을 종합하여 국가안전관리기본계획을 작성하여 중앙안전관리위원회의 심의를 거쳐 확정한 후 이를 관계 중앙행정기관의 장에게 시달하고 중앙행정기관의 장은 확정된 국가안전관리기본계획 중 그 소관에 관한 사항을 관계 재난관리책임기관의 장에게 시달하게 된다.

또한, 관계 중앙행정기관의 장은 시달받은 국가안전관리기본계획에 따라 그 소관업무에 관한 집행계획을 작성하여 행정안전부장관과 협의한 후 국무총리의 승인을 얻어 확정하고 확정된 집행계획을 행정안전부장관에게 통보하고, 시 · 도지사 및 재난관리책임기관의 장에게 시달하여야 하고, 시달받은 재난관리책임기관의 장은 집행계획에 의하여 세부집행계획을 작성하여 관할 시 · 도지사와 협의한 후 소속 중앙행정기관장의 승인을 얻어 세부집행계획을 확정하게 된다.

시 · 도지사가 수립하는 시 · 도 안전관리계획은 행정안전부장관이 소방방재청장의 의견을 들어 수립한 국가안전관리기본계획과 집행계획에 따라 시 · 도의 안전관리업무에 관한 계획의 수립지침 내용과 시 · 도의 전부 또는 일부를 관할구역으로 하는 재난관리책임기관의 장이 그 소관에 속한 안전관리업무에 관한 계획을 작성하여 제출한 안전관리업무에 관한 계획을 종합하여 시 · 도 안전관리계획을 작성하고 시 · 도 안전관리위원회의 심의를 거쳐 확정하게 된다. 확정된 안전관리계획은 소방방재청장을 거쳐 행정안전부장관에게 보고하고, 재난관리관리책임기관의 장에게 통보하게 된다.

시 · 군 · 구청장이 수립하는 시군구 안전관리계획은 시 · 도지사가 매년 확정된 시 · 도안전관리계획에 따라 시군구의 안전관리업무에 관한 계획의 수립지침을 작성 시달한 수립지침과 시군구의 전부 또는 일부를 관할 구역으로 하는 재난관리책임기관의 장이 그 소관에 속하는 안전관리업무에 관한 계획을 제출받은 안전관리업무에 관한 계획을 종합하여 시군구 안전관리계획을 작성하고 시군구 안전관리위원회의 심의를 거쳐 확정하게 된다.

시 · 군 · 구청장은 확정된 시군구 안전관리계획을 시 · 도지사에게 보고하고, 재난관리책임기관의 장에게 통보하게 된다.

(2) 재난상황대응계획

중앙재난안전대책본부장은 재난의 효율적인 수습을 위하여 관계 재난관리책임기관의 장에게 행정상의 조치를 위하여 재난상황대응계획서를 요청할 수 있도록 규정하고 있다.

재난상황대응계획의 주요 내용은 첫째, 재난발생의 장소 · 일시 규모 및 원인, 둘째, 재난대응조치에 관한 사항, 셋째, 재난의 예상 진행상황, 넷째, 재난진행단계별 조치계획, 다섯째, 기타 중앙재난안전대책본부장이 정하는 사항 등을 포함하도록 하고 있다.

(3) 긴급구조대응계획

긴급구조기관의 장은 재난이 발생하는 경우 긴급구조기관 및 긴급구조지원기관이 신속하고 효율적으로 긴급구조를 수행할 수 있도록 사전에 긴급구조대응계획을 수립하도록 하고 있다.

긴급구조대응계획은 긴급구조 대응계획의 목적 및 적용범위, 긴급구조 대응계획의 기본방침과 절차, 긴급구조 대응계획의 운영책임에 관한 사항이 포함된 '기본계획'과 지휘통제, 비상경고, 대중정보, 피해상황분석, 구조진압, 응급의료, 긴급오염통제, 현장통제, 긴급복구, 긴급구호, 재난통신 등 11개 기능별로 구성된 '기능별 긴급구조대응계획'으로 구성되며, 재난발생 단계별 주요 긴급구조 대응활동사항, 주요 재난유형별 대응 매뉴얼에 관한 사항, 비상경고 방송메시지 작성 등에 관한 사항이 포함된 '재난유형별 긴급구조대응계획' 등으로 이루어져 있다.[11]

2) 자연재해대책법상의 재난대응계획

(1) 긴급지원계획

중앙행정기관의 장, 시・도 재난안전대책본부장, 시・군・구 재난안전대책본부장, 재난관리책임기관의 장은 자연재해가 발생하거나 발생할 우려가 있는 경우 업무별 지원기능에 따라 신속한 지원체제를 가동하기 위하여 '긴급지원계획'을 수립하도록 규정하고 있다.[12]

중앙긴급지원계획의 경우 국방부는 인력 및 장비의 지원 등에 관한 사항, 농림수산식품부는 농・축산물 방역 등의 지원 등에 관한 사항, 지

11) 재난 및 안전관리 기본법 제54조.
12) 자연재해대책법 제35조 내지 제36조.

식경제부는 긴급에너지수급 지원 등에 관한 사항, 교육과학기술부는 재해발생 지역의 통신 소통 원활화 등에 관한 사항, 보건복지가족부는 재해발생 지역의 의료서비스, 위생, 전염병예방 및 방역지원 등에 관한 사항, 환경부는 긴급용수지원, 유해화학물질의 처리 지원, 재해발생 지역의 쓰레기 수거·처리 지원 등에 관한 사항, 국토해양부는 비상교통수단 지원 등에 관한 사항, 해운물류지원 등에 관한 사항, 국정홍보처는 재해수습을 위한 홍보 등에 관한 사항, 조달청은 복구자재 지원 등에 관한 사항, 경찰청은 재해발생 지역의 사회질서 유지 및 교통관리 등에 관한 사항, 소방방재청은 이재민 수용·구호, 긴급재정지원, 정보의 수집·분석·전파 등에 관한 사항, 해양경찰청은 해상에서의 각종 지원 및 수난구호 등에 관한 사항 등에 대하여 긴급지원계획을 수립하여 중앙재난안전대책본부장에게 제출하고, 재해가 발생한 경우 중앙재난안전대책본부장과 협의하여 소관 분야별 긴급지원계획에 따라 대응조치를 취하게 된다.

시·도 및 시·군·구 재난안전대책본부장과 시·도 및 시·군·구의 전부 또는 일부를 관할구역으로 하는 재난관리책임기관의 장의 경우도 중앙긴급지원계획과 같이 소관사무별로 긴급지원계획을 수립하도록 하고 있다.

중앙정부의 긴급지원계획은 자연재해의 지원업무에 따라 다음과 같이 11개 긴급지원기능으로 구분되며, 각 긴급지원기능별 주지원기관과 보조지원기관은 <표 3-12>와 같다.

▶ 표 3-12 ◀ 중앙정부의 긴급지원계획

구 분	주지원기관	기능 내용	보조 지원기관
기능 1	소방방재청	정보의 수집·분석·전파	국방부, 국토해양부, 행정안전부, 농수산식품부, 지식경제부, 교육과학기술부, 통일부 등
기능 2	소방방재청	인명구조	국방부, 국토해양부, 기획재정부, 행정안전부, 농수산식품부, 노동부, 대한적십자사 등
기능 3	소방방재청	이재민 수용·구호	국방부, 대한적십자사, 국토해양부, 보건복지가족부, 농수산식품부, 환경부, 기획재정부, 행정안전부 등
기능 4	교육과학기술부	재해 지역 통신소통 원활화	국방부, 행정안전부, 소방방재청, 지식경제부, 해양수산부, 경찰청, 해양경찰청 등
기능 5	보건복지가족부	의료서비스, 전염병 예방·방역,위생점검	국방부, 행정안전부, 소방방재청, 국토해양부, 농수산식품부, 대한적십자사 등
기능 6	소방방재청	시설 응급 복구 (장비, 인력, 자재)	국방부, 국토해양부, 농수산식품부, 기획재정부, 보건복지가족부, 노동부, 조달청, 지식경제부, 환경부, 산림청
기능 7	경찰청	재해 지역 사회질서 유지 및 교통관리	국방부, 해양경찰청, 소방방재청, 법무부, 기획재정부, 지식경제부, 행정안전부, 농수산식품부, 환경부 등
기능 8	환경부	유해화학물질 처리, 쓰레기 수거·처리	국방부, 국토해양부, 농수산식품부, 기획재정부, 소방방재청, 지식경제부, 보건복지가족부, 법무부, 노동부 등
기능 9	지식경제부	긴급에너지 수급	국방부, 기획재정부, 행정안전부, 교육과학기술부, 국토해양부 등
기능 10	소방방재청	단기지역안정 (복구비, 위로금 지급)	농수산식품부, 대한적십자사, 국방부, 보건복지가족부, 행정안전부, 노동부, 기획재정부, 국토해양부, 지식경제부 등
기능 11	국정홍보처	재해수습 홍보	소방방재청, 문화체육관광부, 농수산식품부, 행정안전부, 기획재정부, 법무부, 국토해양부, 교육과학기술부, 국방부, 노동부, 지식경제부, 보건복지가족부, 외교통상부, 대한적십자사 등

3) 사례분석: 삼척시의 경우

(1) 긴급지원계획의 실태분석

삼척시의 경우 긴급지원계획이 현재 미수립되어 정확한 기관별 긴급지원계획을 확인할 수 없었지만 2007년 안전관리계획상에 나타난 유관기관별 재난관리대책을 분석하면 <표 3-13>과 같이 긴급지원계획이 운영되고 있음을 파악할 수 있다.

▶ 표 3-13 ◀ 삼척시 긴급지원계획 분석

계획번호(#)	1	2	3	4	5	6	7	8	9	10	11
주요 기능 / 지원기관	정보 수집 분석 전파	인명 구조	이재민 수용, 구호	재해 지역 통신 소통	의료 서비스, 방역	응급 복구	재해 지역 사회 질서	쓰레기 수거	긴급 에너지 수급	단기 지역 안정	재해 수습 홍보
삼척시청	●	△	●	△	●	●	△	●	●	●	●
삼척소방서	△	●	△	△	△	△		△	△	△	△
삼척경찰서	△	△	△	△	△	△	●	△	△	△	△
삼척 국유림관리소	△					△		△	△	△	△
동해기상대	△					△					△
육군 제1902부대	△	△	△	△	△	△	△	△	△	△	△
삼척시 적십자봉사회		△	△		△	△		△	△		
동해해양경찰서	△	△		△	△	△	△	△	△	△	△
삼척시 자원봉사센터		△	△		△	△		△	△		
한국전력공사 삼척지점	△	△	△	△		△		△	△	△	△
KT 삼척지점	△	△	△	●		△		△		△	△
삼척문화방송	△	△			△	△	△	△	△	△	△

범례: ●: 책임기관, △: 지원기관

자료: 삼척시, 「2007 안전관리계획」, 강원일보사, p. 311~424 재구성.

삼척시 긴급지원계획을 분석하면 대부분의 긴급지원계획이 삼척시청을 중심으로 하여 운영되고 있다는 점을 발견할 수 있다. 대규모 재난발생시 여러 조직이 참여하게 되고 이들이 수행하는 업무도 다양하다. 하지만 모든 긴급지원계획이 대부분 기초자치단체인 시·군·구청이 책임기관으로 지정되어 운영됨에 따라 업무의 과부하가 발생하게 된다. <표 3-13>에서도 인명구조업무와 사회질서업무를 제외한 총 11개 주요 기능 중 9개 기능의 책임기관이 삼척시로 지정되어 있음을 발견할 수 있다.

실제로 재난이 발생하면 삼척시로의 재난대응 업무 집중화는 더욱 더 가속화될 것이고 특히 재난업무 담당자는 단시간 내 재난수습을 위해 인간의 한계를 능가하는 능력을 발휘함에 따라 수요자 중심의 적절한 재난관리정책을 시행하는 데 한계 요인으로 작용하게 된다.

(2) 긴급구조대응계획의 실태분석

삼척소방서가 작성한 기능별 긴급구조대응계획서는 긴급구조 지원기관의 역할을 <표 3-14>와 같이 11개의 주요 기능으로 분류하여 재난관리기관을 책임기관과 지원기관으로 나누어 각각의 업무를 담당하게 하고 있다.

그러나, 지원기관명을 에너지(전기·가스)관련 기관·단체, 보건·의료관련 기관·단체, 환경관련 기관·단체, 건설교통관련 기관·단체, 정보통신관련 기관·단체 등으로 막연히 표기하고 있다. 또한, 긴급구조대응계획 수립시 관련 유관기관·단체와 의견조율이 미미하였으며, 긴급구조대응계획의 내용에 대한 확인도 소홀히 한 것으로 보인다.

▶ 표 3-14 ◀ **긴급구조 지원기관의 역할** (#: 계획의 일련번호)

계획번호(#)	1	2	3	4	5	6	7	8	9	10	11
기능별 긴급구조 대응 계획 / 긴급구조지원기관	지휘 통제	비상 경고	대중 정보	상황 분석	구조 진압	응급 의료	오염 통제	현장 통제	긴급 복구	긴급 구호	재난 통신
소방관서	●	●	●	●	●	△	△	△	△	△	●
군부대	△				△	△	△	△	△	△	△
에너지(전기 · 가스) 관련기관 · 단체				△			△		△		
보건 · 의료 관련기관 · 단체					△	●	△	△		△	△
환경 관련기관 · 단체						△	●		△		△
건설교통 관련기관 · 단체	△		△				△		●		
정보통신 관련기관 · 단체			△						△		△
경찰관서	△	△	△	△	△		△	●			△
해양경찰관서			△	△	△	△	△		△	△	△
강원지방기상청			△								
강원지방산림관리청					△						△
대한적십자사 강원도지사						△	△		△	●	
민간구조 관련기관 · 단체					△				△	△	
동해지방해양수산청							△				
언론 · 방송 관련기관 · 단체		△	△								

범례: ●: 책임기관, △: 지원기관
자료: 삼척소방서, 「긴급구조대응계획」, 2007, p. 66.

<표 3-15>와 같이 삼척소방서의 긴급구조대응계획 중 자연재난시 유관기관 임무와 기능을 살펴보면, 한 기능에 여러 책임기관이 지정되어 있음을 볼 수 있다. 예를 들어, 현장통제 기능은 삼척소방서와 삼척경

▶ 표 3-15 ◀ 자연재난시 유관기관 임무와 기능

기관임무 재난대응기능	삼척시청	삼척소방서	삼척경찰서	삼척교육청	군부대	응급의료기관	기상대	대한적십자사 강원도지사	한국전력(안전)공사 삼척지점	한국가스(안전)공사 영동지사	한국도로공사 영동지부	(주) KT 삼척지점
현장 접근통제	지	책	책		지						지	
고립거주자 구조(구호)	책	책	지		지	지		책				
심리 상담	지					책						
피해 평가	책	지	지		지	지		지				
쓰레기 제거	책				지							
비상방송	책	지	지									
긴급대피	책	책	지	지	지							
식품검사	책					지						
홍수감시	책						지					
기관간 협조	책	책	지	지	지	지	지	지	지	지	지	지
대중 급식/보건	책			지	지	책		지				
실종자 구호	지	책	책		지	지		지				
관련 공무원 비상연락	책	지	지	지	지		지					
현장지휘소	지	책	지		지				지	지	지	지
비상전력/조명		지			지				책			
식수 제공	책	지						지				
교통차단(격리)			책		지						책	
안전점검	책	지				지			지	지		지
모래자루/제방쌓기/배수	책	지	지		지							
탐색과 구조	지	책	지		지							
눈 제거	책	지			지							
오도가도 못하는 차량 운전자 구원		지	책		지						지	
긴급 대피소	책			책				지	지	지		지
태풍 기상감시	지						책					
교통통제		지	책		지						책	
구호시설 협조	지							책	지	지		지
차량제거		지	책		지						책	
희생자 신원확인		지	책			지						
물 사용 제한	책	지										

범례: 책=책임기관 지=지원기관

자료: 삼척소방서, 「긴급구조대응계획」, 2007, p. 88.

찰서가 책임기관으로, 고립거주자(구호)는 삼척시청, 삼척소방서, 대한적십자사 강원지사가 책임기관으로 지정되어 있다. 또한 기관간 협조는 삼척시청과 삼척소방서가 함께 책임기관으로 지정되어 있음을 볼 수 있다. 책임기관이 둘 이상 지정되어 있으면 책임기관간 협조가 원활하지 않고 이견이 있을 때 신속하고 일사불란한 대응에 차질이 빚어질 수 있으며, 책임소재가 불분명하게 되어 향후 책임성 있는 대책 마련에 소홀해질 수 있다.

또한, 재난대응기능의 분류수준도 일정하지 못하다. 고립거주자 구조(구호)의 재난대응기능은 구조와 구호 업무가 혼재되어 있으며, 교통과 관련된 재난대응기능은 교통차단(격리), 오도가도 못하는 차량운전자 구원, 교통통제, 차량제거 등으로 상세히 기술되어 있다.

4) 긴급지원계획과 기능별 긴급구조대응계획의 비교

중앙행정기관의 장, 시 · 도 및 시 · 군 · 구 재난안전대책본부장, 재난관리책임기관의 장이 작성하는 '긴급지원계획'과 소방방재청장, 소방본부장, 소방서장인 긴급구조기관의 장이 작성하는 '기능별 긴급구조대응계획'을 비교하면 <표 3-16>과 같다.

▶ 표 3-16 ◀ 긴급지원계획과 기능별 긴급구조대응계획의 비교

긴급지원계획		기능별 긴급구조대응계획		비고
		지휘통제	긴급구조체제 및 통제단 운영체계 등의 사항	
[기능 1]	정보수집 · 분석 · 전파	비상경고	긴급대피, 상황전파, 비상연락 등의 사항	공통
[기능 1] [기능 11]	정보수집 · 분석 · 전파 재해수습홍보	대중정보	주민보호를 위한 긴급공공정보 제공 및 정보통제 사항	공통
[기능 1]	정보수집 · 분석 · 전파	피해상황 분석	재난현장상황 및 피해정보 수집분석보고 사항	공통

[기능 2]	인명구조	구조진압	인명수색 및 구조, 화재진압 등의 사항	공통
[기능 5]	의료서비스	응급의료	대량사상자 발생시 응급의료서비스 제공 사항	공통
[기능 5]	전염병 예방·방역 및 위생점검	긴급오염 방제	오염노출통제 등 재난현장 공중보건 사항	공통
[기능 7]	재해지역 사회질서유지 및 교통관리	현장통제	재난현장접근통제 및 치안유지 사항	공통
[기능 6]	시설 응급복구 (장비·인력 및 자재의 동원)	긴급복구	긴급구조차량 접근도로 복구 사항	공통
[기능 3]	이재민 수용·구호	긴급구호	긴급구조요원 및 대피수용주민 임시 의식주 제공사항	공통
[기능 4]	재해지역 통신소통의 원활화	재난통신	긴급구조기관 및 긴급구조지원 기관간 정보통신 운영	공통
[기능 8]	유해화학물질 처리 쓰레기 수거·처리			
[기능 9]	긴급에너지 수급			
[기능 10]	단기지역안정 (복구비·위로금 지급)			

주) 긴급구조대응계획은 모든 재난에 적용되고, 긴급지원계획은 자연재난의 경우만 적용됨

3. 지역 재난대응 관련 정보시스템 측면

1) 시군구 재난관련 정보시스템

(1) 국가안전관리정보시스템

국가안전관리정보시스템(NDMS: National Disaster Management System)은 중앙 및 전국 16개 시·도에 설치되어 있는 자연재난 및 인적재난에 대응할 수 있도록 구성된 국가재난관리시스템이다.

국가안전관리정보시스템은 자연재난 및 인적재난 발생시 신속한 대응체계의 확립, 인명과 재산을 위협하는 요소에 대한 예방, 대비 및 경

보, 그리고 신속한 복구, 사후분석 및 평가 등 안전관리 활동을 전반적으로 지원하는 과학적이고 체계적인 통합정보시스템이라 할 수 있다.

또한, 자연재난 및 인적 재난에 대해 각 중앙행정기관 및 산하기관이 관리하고 있는 안전관리 관련 기능별 정보시스템을 연결할 수 있는 범국가적인 정보시스템으로 국민과 국가의 안전을 저해하는 각종 재난 등 위험요소에 대한 사전예방, 상황발생시 신속한 대응, 피해복구 그리고 사후분석 및 평가 업무를 지원하는 체계를 구축함으로써 국민의 생명과 재산보호 및 국민의 삶의 질 향상을 도모하기 위하여 구축된 시스템이라 하겠다.

국가안전관리정보시스템은 재난업무 유형별로 각각의 관리시스템을 구축하여 운영하고 있다. 즉, 풍수해관리시스템, 대설관리시스템, 인적재난관리시스템, 이재민관리시스템, 지진재해 관리시스템 등으로 구축되어 있다.

풍수해관리시스템은 예방 및 대비, 대응, 복구, 공통의 관리기능으로, 대설관리시스템은 예방 및 대비, 대응, 복구, 공통, 가뭄관리의 관리기능으로, 인적재난관리시스템은 특정관리대상시설물, 교량관리, 유도선관리, 자원동원관리, 부처종합시설물, 기타시설정보, 대응, 공통의 관리기기능으로, 이재민관리시스템은 예방 및 대비, 대응, 복구, 공통의 관리기능으로, 지진재해관리시스템은 진도분포도 및 피해추정, 기초 데이터관리, 피해추정현황, 대응절차 및 매뉴얼, 자동경보관리, 시스템관리의 관리기능으로 구성되어 있으며 각각의 재난업무 유형별 세부기능은 <표 3-17>과 같다.

▶ 표 3-17 ◀ 국가안전관리정보시스템의 주요 기능

재난업무 유형	관리기능	세부기능	비고
풍수해 관리 시스템	예방&대비	시설관리, 물자관리, 지역관리, 재해대책기금관리, 사전대비보고서, 웹GIS	
	대응	피해상황관리, 일일상황관리, 대응지시관리, 현장피해입력, 자치단체현황	
	복구	복구계획, 복구진도	
	공통	표준행동요령(SOP), 비상연락망, 연계정보, 자연재난통계, 공지사항, 시스템관리	
대설관리 시스템	예방&대비	인력관리, 지역관리, 제설장비관리, 물자관리, 재해대책기금관리, 이재민지원관리, 사전조치현황표, 웹GIS	
	대응	피해상황관리, 일일상황관리, 대응지시관리, 현장피해입력	
	복구	복구계획, 복구진도	
	공통	표준행동요령(SOP), 비상연락망, 연계정보, 자연재난통계, 공지사항, 시스템관리	
	가뭄관리	가뭄관리, 상습가뭄재해 지역	
인적재난 관리 시스템	특정관리대상시설물	특정관리대상시설물, 기타, 안전점검관리	
	교량관리	국도상교량현황, 교량관리	
	유도선관리	유도선관리, 유도선관련현황조회, 유도선관리 출력	
	자원동원관리	인력관리, 자원관리, 시설관리, 물자관리, 보고서	
	부처종합시설물	부처종합시설물관리	
	기타시설정보	도로정보, 하천정보, 기타시설정보	
	대응	피해상황관리, 일일상황관리	
	공통	표준행동요령(SOP), 비상연락망, 연계정보, 인적재난통계, 공지사항, 이전대상메뉴	
이재민 관리 시스템	예방&대비	수용시설관리, 구호물자관리, 위험구역관리	
	대응	이재민관리, 일일상황관리, 대응지시관리	
	복구	의연금관리, 기금관리	
	공통	표준행동요령(SOP), 비상연락망, 공지사항	
지진재해 관리 시스템	진도분포도 및 피해추정	최근지진정보, 국내지진발생조회, 지진 시뮬레이션	
	기초 데이터관리	진도분포도 조회, 피해추정, 계산공식	
	피해추정현황	지진정보, 건축물피해 추정, 인명피해 추정	
	대응절차 및 매뉴얼	단계별 대응절차, 초기 상황관리 매뉴얼, 위기대응 실무매뉴얼, 참고자료	
	자동경보관리	경광등, SMS 발송요청 관리, 지진피해메시지 연계	
	시스템관리	사용자권한 관리, 메뉴 관리, 코드 관리, 지진정보 수신 관리	

자료: http://106.0.2.65/main.jsp

(2) 상황전파시스템

상황전파시스템은 각종 재난상황을 작성하여 유관기관 및 상급기관에 상황전파 또는 보고하는 기능, 재난상황실 근무자 관리 및 등록기능, 재난상황 통계관리 등의 기능을 주로 수행하는 재난관리지원 시스템으로 주요 기능은 <표 3-18>과 같다.

▶ 표 3-18 ◀ 상황전파시스템의 주요 기능

관리기능	세부관리기능	주요 내용	비고
상황전파 (독립상황전파 시스템)	메시지관리	미확인 메시지, 메시지 작성, 받은 메시지함, 보낸 메시지함, 전체 메시지함, 임시보관함	
	상황관리	근무자 등록, 근무조 편성 및 투입, 근무일지등록, 일별상황실근무자, 상황실 실시간모니터링	
	사용자지원	공지사항, 자유게시판, 자료실, 재난관련 사이트, 다운로드	
	집계관리	재난상황집계, 송수신집계, 접속자집계, FAX집계, SMS집계	
	환경설정	재난유형별 기관지정, 수신처그룹 관리, 상황실 그룹관리, 비상연락망 관리, 나의 메뉴관리, 나의 정보, 자주쓰는 문안, 경광등관리, 독립상황서버 IP관리	

자료: http://sid.safeworld.go.kr/sid

(3) 재난관리공동활용센터시스템

재난관리공동활용센터는 유관기관이 보유하고 있는 재난상황정보를 상호 공유하여 재난상황을 관리하도록 구축된 시스템으로 인적재난, 자연재난, 사회적 재난 모두를 포함하고 있다.

주요 관리기능은 재난관리, 상황관리, 자원관리, 연계정보관리 등으로 이루어져 있으며, 각각의 기관이 보유한 재난정보를 공유하도록 하는데 그 목적이 있으며 <표 3-19>은 재난관리공동활용센터시스템의 주요 기능이다.

▶ 표 3-19 ◀ **재난관리공동활용센터시스템의 주요 기능**

관리기능	세부관리기능	주요 내용	비고
재난관리	인위재난	각종 인위재난의 실시간 재난현황 조회	
	자연재난	각종 자연재난의 실시간 재난현황 조회	
	사회적 재난	각종 사회적 재난의 실시간 재난현황 조회	
상황관리	기상관측	기상관측 현황 조회	
	수위수량	수위수량 현황 조회	
	조위	조위 현황 조회	
	교통소통	교통소통 현황 조회	
	산불위험지수	산불위험지수 현황' 조회	
	산사태위험지구	산사태위험지구 현황 조회	
	방사능지수	방사능 지수 현황 조회	
자원관리	주의시설물	주의시설물 현황 조회	
	위험지역/시설	위험지역/시설 현황 조회	
	물자/인력	물자/인력 현황 조회	
	의료정보	의료정보 현황 조회	
연계정보관리	재난기간별 현황	재난기간별 현황 조회	
	재난유형별 현황	재난유형별 현황 조회	
	NDMS 피해현황	NDMS 피해현황 조회	
	기관별 시설물 현황	기관별 시설물 현황 조최	

자료: http://www.safeworld.go.kr/

(4) 삼척시 재난관리시스템

재난발생시 현장 위주의 재난관리 정보체계를 확립하기 위하여 각 시군구 재난관리시스템 구축사업이 추진되고 있다. 삼척시의 경우 시군구 재난관리시스템 구축 시범사업지로 선정되어 삼척시 재난관리시스템을 구축하여 운영하고 있다.

삼척시 재난관리시스템의 주요 기능을 살펴보면 자원정보기능은 시설관리, 물자관리, 지역관리, 인력관리, 모바일메시지, 기타의 세부 기능이,

▶ 표 3-20 ◀ 삼척시 재난관리시스템의 주요 기능

관리기능	세부관리기능	주요 내용	비고
자원정보	시설관리	쓰레기처리시설, 수용시설, CCTV, 도로시설 현황	
	물자관리	응급복구장비, 수방자재, 방역물자, 구호물자, 의료물자, 구조장비, 제설장비, 염화칼슘, 설해예방장비 및 물자확보	
	지역관리	재해위험지구, 산사태우려지역, 대규모공사장, 고립위험지구, 위험구역, 방역사전대상지역, 인명피해우려지역, 비상급수, 고립예상지역, 산악지역등산로 통제구역, 교통두절예상지역	
자원정보	인력관리	재난담당자, 비상연락단체, 재난안전대책본부, 정부/유관기관, 구조단체관리, 전문기술/기능인력, 모니터요원	
	모바일 메시지	모바일 메시지 관리	
	기타	응급의료센터 정보, 병원, 소방서, 하천, 저수지, 경찰서, 재난대비계획서	
관측정보	관측장비관리	재난장비관리, 부대설비관리	
	상황기준	상황기준관리	
	시군구 관측정보	수위정보, 우량정보, 적설	
	유관기관 관측정보	댐수위정보, 하천수위정보, 우량정보, 조위정보	
시나리오	나의 업무 조회	시나리오 활동관리, 개인별 활동이력 조회	
	시나리오 관리	상황단계관리, 대응분야관리, 대응항목관리, 행동요령관리, 표준행동절차 조회	
	시나리오 실행	시나리오 실행관리, 시나리오 활동통계	
재난대응활동	상황관리	재해선택, 현장예찰, 상황관리	
	활동관리	응급조치, 방역, 의료, 쓰레기처리, 비상급수, 인명피해, 상황보고	
보고서 관리	기상개황보고서	기상개황 보고서 작성	
	태풍상황보고서	태풍상황 보고서 작성	
	재난상황보고서	재난상황 보고서 작성	
	종합상황보고서	종합상황보고서 작성	
상황판단지원(상황판단지원시스템)	관측정보	관측정보 지원	
	기상정보	기상정보 지원	
	태풍정보	태풍정보 지원	

상황판단지원 (상황판단지원시스템)	피해정보	피해정보 지원	
	재난활동현황	재난활동현황 지원	
	자원정보	자원정보 지원	
	재난이력정보	재난이력정보 지원	
상황전파 (독립상황전파시스템)	메시지관리	미확인 메시지, 메시지 작성, 받은 메시지함, 보낸 메시지함, 전체 메시지함, 임시보관함	
	상황관리	근무자 등록, 근무조 편성 및 투입, 근무일지등록, 일별상황실근무자, 상황실 현황	
	사용자지원	공지사항, 자유게시판, 자료실, 재난관련사이트, 다운로드	
	집계관리	재난상황집계, 송수신집계, 접속자집계, FAX집계, SMS집계	
	환경설정	재난유형별 기관지정, 수신처그룹 관리, 상황실그룹관리, 비상연락망 관리, 나의 메뉴관리, 나의 정보, 자주쓰는 문안, 기관정보	

자료: http://106.7.1.65:9100/sdt/main/Main.jsp

관측정보기능은 관측장비관리, 상황기준, 시군구 관측정보, 유관기관 관측정보의 세부기능이, 시나리오기능은 나의 업무 조회, 시나리오 관리, 시나리오 실행의 세부기능이, 재난대응활동기능은 상황관리, 활동관리의 세부기능이, 보고서관리기능은 기상개황보고서, 태풍상황보고서, 재난상황보고서, 종합상황보고서의 세부기능이, 상황판단지원기능은 관측정보, 기상정보, 태풍정보, 피해정보, 재난활동현황, 자원정보, 재난이력정보의 세부기능이, 상황전파기능은 메시지관리, 상황관리, 사용자지원, 집계관리, 환경설정의 세부기능으로 구성되어 있으며 삼척시 재난관리시스템의 주요 기능은 <표 3-20>과 같다.

나. 소방서의 재난관련 정보시스템

(1) 소방긴급구조활동 정보관리시스템

각급 소방서에서 주로 사용하고 있는 재난관련 정보시스템 중 대표적인 것이 소방긴급구조활동 정보관리시스템이다.

소방긴급구조활동 정보관리시스템의 주요 기능을 살펴보면, 재난상황보고서 관리기능은 상황보고서, 환경설정의 세부기능으로 나누어져 있으며, 화재, 구조, 구급 상황에 대한 보고서를 등록하여 상위기관과 유관기관에 제공하는 기능을 담당하게 된다.

보고서관리기능은 구조활동보고서, 화재발생보고서, 산불화재발생보고서, 구급활동보고서, 기타출동보고서, 본부/서 마감관리의 세부기능으로 구분되며 각각의 활동에 따라 보고서를 작성하고 관리하게 된다.

정보지원기능은 서/소 기본정보관리, 서/소 의료기관 관리, 서/소 보유차량관리, 화재피해액 산정기준관리의 세부기능으로 구성되어 있다.

무선페이징기능은 대상자 정보관리, 방문점검내역 관리, 단말기 정보관리, 단말기 정비사항 관리, 공사업체 정보관리, 단말기 점검현황, 설치/회수 현황 통계, 이용실적 통계의 세부기능으로 구성되어 있다.

통계기능은 화재통계, 구조통계, 구급통계, 일일통계, 기타통계의 세부기능으로 구성되어 각종 통계자료로 활용하는 데 이용된다.

시스템관리기능은 사용자관리, 우편번호조회, 코드관리의 세부기능으로 구분되고, 자료실기능은 사진관련 자료실, 소방관련 자료실, 전산관련 자료실, 서식관련 자료실의 세부기능으로, 게시판기능은 공지사항, 자유게시판, 질문과 답의 세부기능으로 구성되어 있다. <표 3-21>은 소방긴급구조활동 정보관리시스템의 주요 기능을 나타낸 것이다.

▶ 표 3-21 ◀ **소방긴급구조활동 정보관리시스템의 주요 기능**

관리기능	세부관리기능	주요 내용	비고
재난상황 보고서 관리	상황보고서	화재·구조·구급 상황에 대한 보고서를 등록하여 상위기관 및 유관기관에 제공	
	환경설정	상황보고서를 빠르고 손쉽게 전송하기 위해서 미리 등록·관리하기 위한 정보	
보고서관리	구조활동보고서	구조활동에 대한 구조활동정보, 구조요구자 정보에 대하여 등록, 조회, 수정 등의 업무	
	화재발생보고서	화재발생에 대한 화재활동정보, 화재피해자, 화재피해대상물 등의 정보에 대하여 등록, 조회, 수정 등의 업무	
	산불화재발생보고서	산불화재에 대한 활동정보 등록, 조회, 수정 등의 업무	
	구급활동보고서	구급활동에 대한 구급활동정보, 이송 및 미이송 정보에 대하여 등록, 조회, 수정 등의 업무	
	기타출동보고서	응원 및 지원출동에 대한 활동정보 등록, 조회, 수정 등의 업무	
	본부/서 마감관리	본부/서의 소방관련 활동보고서 월마감 현황을 입력, 조회	
정보지원	서소 기본정보관리	서소등록 및 조회, 수정을 할 수 있으며, 서소별 구조구급 대원수, 서/소/본부별 관할인구수를 등록	
	서소 의료기관 관리	서소별 관할 의료기관 정보를 등록, 조회, 수정	
	서소 보유차량관리	서소별 보유차량 및 차량별 적재장비에 대하여 등록, 조회, 수정	
	화재피해액 산정기준관리	화재발생 보고서 등록시 필요한 건축물 및 자산에 대한 감가율 정보 조회	
무선페이징	대상자 정보관리	서소별 관리대상 무선페이징 대상자 및 보호자에 대하여 등록, 수정할 수 있으며, 대상자에 대해 단말기 설치/회수 업무	
	방문점검내역 관리	무선페이징 대상자에 대해 방문 점검내역 정보를 등록, 조회, 수정	
	단말기 정보관리	무선페이징 단말기에 대하여 등록, 조회, 수정	
	단말기 정비사항 관리	단말기에 대해 정비사항을 등록, 조회, 수정	
	공사업체 정보관리	무선페이징 공사업체 정보에 대하여 등록, 조회, 수정	

	단말기 점검현황	단말기 점검 장애이력과 수혜자별 단말기 점검 현황을 조회
	설치/회수현황 통계	단말기의 설치/회수이력에 대하여 분류별, 서소별, 성별 등으로 현황을 조회하고 그래프를 통하여 보다 쉽고 용의하게 현황을 파악
	이용실적 통계	페이징에 대한 이용 실적 등을 연보 또는 월보형식으로 살펴보고 무선 페이징 이용자 현황을 다양한 방법으로 분석한 통계표 출력
통계	화재통계	기 발생된 화재 발생현황, 화재피해현황 등을 연보 또는 월보 형식으로 살펴보고 화재 발생현황을 다양한 방법으로 분석한 통계표를 출력
	구조통계	기 발생된 구조실적, 구조현황, 구조대 현황 등을 연보 또는 월보형식으로 살펴보고, 구조실적과 현황을 다양한 방법으로 분석한 통계표 출력
	구급통계	기 발생된 구급실적, 구급현황, 구급대 현황 등을 년보 또는 월보 형식으로 살펴보고, 구급실적과 현황을 다양한 방법으로 분석한 통계표 출력
	일일통계	일자별로 발생한 구조활동, 구급활동, 화재발생현황 파악
	기타통계	기타 실적과 현황을 다양한 방법으로 분석한 통계표를 출력
시스템관리	사용자관리	신규사용자 등록, 사용자 정보 조회 및 수정, 서소변경사용자에 대한 승인 등의 업무
	우편번호조회	소방 긴급구조 활동정보 관리시스템에서 사용되는 우편번호 정보를 조회
	코드관리	소방 긴급구조 활동정보 관리시스템에서 사용되는 모든 코드정보를 조회
자료실	사진관련 자료실	화재, 구조, 구급 등 업무 관련하여 개인이 소장한 귀한 사진자료를 공유하기 위한 공간
	소방관련 자료실	소방관련 업무에 대한 자료를 주고 받을 수 있는 공간
	전산관련 자료실	전산, 정보와 관련한 유용한 자료들을 공유하기 위한 공간
	서식관련 자료실	각종 업무관련 주요 서식을 주고받기 위한 공간
게시판	공지사항	전국 소방에 공지할 사항을 게시하는 공간
	자유게시판	직원들의 생각을 자유롭게 이야기할 수 있는 공간
	질문과 답(Q&A)	의문사항을 게시하여 담당자 또는 해당 분야에 지식을 가진 직원의 도움을 받기 위한 공간

자료: http://www.korea119.go.kr/fire/firest/index.jsp

(2) 소방예방 정보관리시스템

소방예방 정보관리시스템은 소방대상시설물, 소방민원업무를 주로 관리하는 시스템이다.

소방예방 정보관리시스템은 정보관리, 통계관리, 민원관리, 시스템관리, 자료실, 게시판 등의 주요 관리기능으로 구성되어 있다.

정보관리기능은 대상물, 위험물, 소방검사, 소방시설업, 자격자, 방호일반의 세부기능으로 구성되며, 통계관리기능은 특정소방대상물, 소방대상물 검사, 개수명령/손실보상, 건축허가/완비증명, 소방훈련/소방교육, 방화관리자 선임대상, 방염/소방시설, 위험물 제조소등, 소방시설업, 착공신고/완공필증, 화재경계지구 등, 기타통계의 세부기능으로 구성되어 있다.

민원관리기능은 민원사무처리부, 건축허가 동의, 건축 착공/완공, 건축 완공검사필증, 다중이용업 허가, 위험물 허가의 세부기능으로 구성되어 있으며 시스템관리기능과 자료실기능, 게시판 기능은 소방긴급구조활동 정보관리시스템의 시스템관리기능, 자료실기능, 게시판 기능과 같다.

소방예방 정보시스템의 주요 기능은 <표 3-22>와 같다.

(3) 소방지식 정보시스템

소방지식 정보시스템은 소방관련 경험과 노하우에 대하여 상호 정보공유를 통하여 소방 분야의 지식을 축척하는 장으로 설계되었으며 소방지식 정보시스템의 주요 기능은 <표 3-23>과 같다.

▶ 표 3-22 ◀ 소방예방정보시스템의 주요 기능

관리기능	세부관리기능	주요 내용	비고
정보관리	대상물	대상물, 다중이용업, 소방훈련, 소방교육에 대하여 등록, 조회, 수정	
	위험물	위험물에 대한 정보를 등록, 조회, 수정	
	소방검사	소방검사에 대하여 검사계획 관리가 가능하며, 대상물검사, 다중이용업검사, 위험물검사에 대하여 등록, 조회, 수정할 수 있으며 시정보완명령 관리와 개수명령, 예방검사요원을 등록, 조회, 수정	
	소방시설업	소방시설업 정보를 등록, 조회, 수정하고 소방시설업에 대한 면허내역, 보유기술자, 변경이력 등의 정보관리	
	자격자	자격자 정보와 보유자격증 정보를 조회	
	방호일반	소방용수, 의용소방대, 의무소방대, 화재경계지구, 유관기관의 정보관리	
통계관리	특정소방대상물	특정소방대상물과 관련된 통계 조회	
	소방대상물 검사	소방대상물 검사와 관련된 통계 조회	
	개수명령/손실보상	개서명령/손실보상과 관련된 통계 조회	
	건축허가/완비증명	건축허가/완비증명과 관련된 통계 조회	
	소방훈련/소방교육	소방훈련/소방교육과 관련된 통계 조회	
	방화관리자 선임대상	방화관리자 선임대상과 관련된 통계 조회	
	방염/소방시설	방염/소방시설과 관련된 통계 조회	
	위험물 제조소등	위험물 제조소 등과 관련된 통계 조회	
	소방시설업	소방시설업과 관련된 통계 조회	
	착공신고/완공필증	착공신고/완공필증과 관련된 통계 조회	
	화재경계지구 등	화재경계지구 등과 관련된 통계 조회	
	기타통계	기타통계와 관련된 통계 조회	
민원관리	민원사무처리부	민원사무처리부를 등록, 조회, 수정	
	건축허가 동의	건축 허가 등의 정보를 등록, 조회, 수정하고 건축허가 등의 동의대장, 건축허가 동의/부동의 통보서 출력	
	건축 착공/완공	건축 착공/완공대장 정보를 등록, 조회, 수정하고 착공/완공대장을 출력	
	건축 완공검사필증	건축 완공검사필증 정보를 등록, 조회, 수정하고 완공검사필증을 출력	

민원 관리	다중이용업 허가	완비증명 정보를 등록, 조회, 수정하고 완비증명서를 출력	
	위험물 허가	완공검사필증 정보를 위험제조소 등, 이동탱크저장소로 나누어 등록, 조회, 수정하고 위험물제조소 등, 이동탱크 저장소 완공검사필증을 출력	
시스템 관리	코드관리	소방 긴급구조 활동정보 관리시스템에서 사용되는 모든 코드정보를 조회	
	우편번호조회	소방 긴급구조 활동정보 관리시스템에서 사용되는 우편번호 정보를 조회	
자료실	사진자료실	화재, 구조, 구급 등 업무 관련하여 개인이 소장한 귀한 사진자료를 공유하기 위한 공간	
	소방관련 자료실	소방관련 업무에 대한 자료를 주고 받을 수 있는 공간	
	전산관련 자료실	전산, 정보와 관련한 유용한 자료들을 공유하기 위한 공간	
	서식관련 자료실	각종 업무관련 주요 서식을 주고받기 위한 공간	
게시판	공지사항	전국 소방에 공지할 사항을 게시하는 공간	
	자유게시판	직원들의 생각을 자유롭게 이야기할 수 있는 공간	
	질문과 답(Q&A)	의문사항을 게시하여 담당자 또는 해당 분야에 지식을 가진 직원의 도움을 받기 위한 공간	

자료: http://www.korea119.go.kr/fire/firepre/index.jsp

▶ 표 3-23 ◀ 소방지식정보시스템의 주요 기능

관리기능	세부관리기능	주요 내용	비고
지식분류관리	지식분류 정보리스트 조회	대분류, 중분류, 상세분류를 통해 지식 정보를 검색	
공지사항	공지사항 리스트 조회	공지사항에 대한 검색	
묻고답하기	묻고 답하기 리스트 조회	묻고 답하기에 대한 검색	
지식몰	지식정보 리스트 조회	지식정보에 대한 검색	
지식요청	지식요청·답변 리스트 조회	지식요청·답변에 대한 검색	
지식전문가	지식전문가 추천 리스트 조회	지식전문가 추천에 대한 검색	
	지식전문가 리스트 조회	지식전문가에 대한 검색	
통합검색	지식분류별·keyword 검색	지식분류별, 키워드에 대한 검색	
통합컨텐츠	관련사례 조회	관련사례에 대한 검색	
	관련법령 및 관계법규 조회	관련법령 및 관계법규에 대한 검색	
	법령 제/개정 절차 조회	법령 제/개정 절차에 대한 검색	

통합컨텐츠	법령 추진요령 조회	법령 추진요령에 대한 검색	
	관련사이트 조회	관련사이트에 대한 검색	
	소방관련 논문 조회	소방관련 논문에 대한 검색	
	국제회의 자료 조회	국제회의 자료에 대한 검색	
	외국 소방관련 자료 조회	외국 소방관련 자료에 대한 검색	
지식통계	월별 · 기간별 통계	월별 · 기간별 지식통계 현황	
	시도별 · 소방서별 · 파출소별 통계	시도별 · 소방서별 · 파출소별 지식정보시스템 사용 현황 통계	
	지식분류별 통계	지식분류별 사용현황 통계	
	분류별 BEST검색 현황	지식분류별 BEST 검색현황 통계	
	BEST Q&A 집계 현황	지식분류별 BEST Q&A 집계 현황 통계	

자료: http://www.korea119.go.kr/fire/kms/index.html

3) 재난관련 정보시스템의 비교분석

현재 운영하고 있는 재난관련 정보시스템은 크게 2개 기관으로 나누어져 운영되고 있다.

하나는 시군구의 재난관련 부서에서 담당하고 있는 국가안전관리정보시스템, 상황전파시스템, 재난관리공동활용센터시스템, 삼척시 재난관리시스템이고, 다른 하나는 소방서에서 운영하고 있는 소방긴급구조활동 정보관리시스템, 소방예방 정보관리시스템, 소방지식 정보시스템이다.

특히, 재난발생시 현장상황 파악과 유관기관 상황전파를 위하여 사용하고 있는 재난관련 정보시스템을 살펴보면, 시군구는 상황전파시스템이 주로 사용하고 있고, 소방서는 소방긴급구조활동 정보관리시스템을 주로 사용하고 있다.

하지만 시군구청은 소방서의 정보시스템을 열람하지 못하고 있다. 또한, 재난관리책임기관, 긴급구조기관, 긴급구조지원기관간에도 <표 3-24>와 같이 재난관련 정보시스템의 공유가 이루어지지 않고 있어 재

▶ 표 3-24 ◀ 기관별 재난관련정보시스템의 활용현황

시스템 / 기관명	시군구청				소방서		
	국가안전관리 정보시스템	상황전파 시스템	재난관리공동 활용센터 시스템	삼척시 재난관리 시스템	소방긴급구조 활동정보 시스템	소방예방 정보 관리시스템	소방지식 정보시스템
삼척시청	●	●	●	●			
삼척소방서		●			●	●	●
삼척경찰서		●					
삼척 국유림관리소		●					
동해기상대		●					
육군 제1902부대							
삼척시 적십자봉사회							
동해 해양경찰서		●					
삼척시 자원봉사센터							
한국전력공사 삼척지점		●					
KT 삼척지점		●					
삼척문화방송							

범례: ●: 시스템 이용권한 부여

난현장에서의 정확한 정보공유 미비로 재난수습에 많은 혼란을 가중시키고 있다.

제4장

선진국의 지역재난 대응체계

제1절 미국의 지역재난 대응체계

미국의 재난대응체계에서 "EOC: Emergency Operations Center"란 우리나라의 '재난안전대책본부'와 유사한 것으로서 상설조직이다. 평상시는 대비국장(Preparedness Manager)을 담당자로 하여 실무인력 3-4명으로 운영되고, 비상시는 발생 지역 자치단체장을 본부장으로 EOC가 편성되며, 지역 전체를 대상으로 하는 재난시에 지역 내 재난현장지휘소인 ICS Command Post들을 통제 · 조정하고, 자원지원 업무를 수행한다. "ICS Incident Command Post"(이하 "ICS"라 한다)와 "EOC(Emergency Operations Center)"는 국가사고관리체계(NIMS)하에서 협업하여 재난에 대처한다. 동일한 조직구성의 원리에 따라 구성된 ICS와 EOC는 같은 대응목표를 가지고 운영되지만, 다른 수준의 책임을 가진다. ICS는 현장에서의 대응활동에 대한 책임을 지고, EOC는 자치단체 지역 전반에 걸친 자원관리에 대한 책임을 진다.[1)]

1) Basic Incident Command System(ICS) Independent Study Unit 1(Emergency Management Institute National Emergency Training Center USA, 1995), p. 16

○ ICS는 현장에서의 대응전략 및 전술을 결정·수행하고, EOC는 자치단체 전체의 전략을 결정하고 자원의 우선순위를 고려하여 동원된 자원을 분산·배치하는 임무를 수행한다. 즉, EOC는 현장을 직접 통제하지 않는다.

○ ICS는 주로 화재진압, 인명구조, 응급의료 및 현장통제 등을 수행하는 반면, EOC는 구호, 식량 확보·분배, 에너지 공급, 상호응원 협정, 지원기관에 대한 연락업무 등을 수행한다.

1. 재난현장지휘체계(ICS)

가. ICS의 개념 기초

재난현장지휘체계(ICS: Incident Command System)는 생명과 자산, 환경을 보호하는 등 재난을 안정화하려는 공통 목적으로 함께 작업하는 기관들의 노력을 지휘·통제·조정하는 시스템이다. ICS는 개념적이고 운영적인 시스템으로써 화재 혹은 재난과 관련하여 2곳 이상의 기관이 개입될 때 자원 및 활동을 효율적으로 기획하고 조정하기 위해서 인사 구성에 필요한 공통적인 조직의 절차 및 용어에 대한 합의사항을 나타낸다.

ICS를 사용하게 된 이유는 재난대응 기관간에 표준화된 용어가 통일되지 못하고, 상황에 따라 요구되는 확장이나 계약 능력의 부족, 표준화되거나 통합되지 못한 커뮤니케이션의 부재, 통합되지 않은 미흡한 행

"The Incident Command and the EOC(which also may be organized under ICS principles) function together and work toward the same goals, but their responsibilities are at different levels. The Incident Command operations is responsible for on-scene response activities, and the EOC is responsible for community-wide resource management."

동계획들, 지정된 시설(facilities)의 부족 등을 들 수 있다.

- Non standard terminology among responding agencies
- Lack of capability to expand or contract as required by the situation
- Non standard non integrated communications
- Lack of consolidated action plans
- Lack of designated facilities

ICS 도입 따른 장점으로는 혼란 방지, 개인주의 방지, 상해와 피해 방지, 재난의 연장 방지 등을 들 수 있다.

- Prevents Chaos
- Prevents Individualism
- Prevents Injury and Further Damage
- Prevents prolongation of the Incident

ICS의 개념은 화재로 인한 비상 재난 뿐만 아니라 홍수, 태풍, 허리케인, 지진, 폭동 및 기타 천재 혹은 인재 재난을 포함한다. ICS가 적용되는 때에 대한 예로는 위험물질 사고, 행사, 자연재해 대응, 법 집행이 필요한 사고, 광범위한 자원관리전략이 부족한 때, 화재, 지진 등 대형사상자 발생 재난, 항공, 철도, 수상, 육지 교통사고, 광범위한 지역에서 탐색 및 구조임무 수행, 해충(pest) 근절 프로그램, 민간 분야의 위기관리프로그램 등을 들 수 있다.

- Hazardous Materials (HazMat) incidents
- Planned events (e.g. Celebrations, Parades, Concerts, Official visits etc.)
- Response to Natural Hazards

- Single and Multi-agency law enforcement incidents
- Lack of Comprehensive resource Management Strategy
- Fires
- Mass Casualty Incidents(지진 등)
- Air, Rail, Water or Ground Transport Accidents
- Wide Area Search and Rescue Missions(조난 등)
- Pest Eradication Programmes(메뚜기 등)
- Private Sector Emergency Management Programmes

ICS는 정보 수집을 규정하고 집중화시키고, 발생되는 자료를 처리하고, 관련 인적 요구 및 하드웨어 요구사항에 필요한 전달사항을 확인하는 데 있어서, 관계기관 조정체제와 협력 또는 병행하여 작업을 한다.

다수기관 조정통제체제(MACS)활동은 모든 관할구역으로부터의 현재 정보를 유지하고 정보 요청 조정을 지원하기 위해 구성된 작전조정센터를 중심으로 이루어진다.

다수기관 조정통제체제(MACS)는 구성된 관청의 일일작전들을 병합하며, 다음과 같이 다양한 기능을 수행한다.

- 상부단계에서 기관들의 조정 작업 향상시키기
- 문제 재난에 대한 관계기관의 자원의 할당 및 적절한 투입
- 지역별 비상자원의 상황을 저장하고 활용하며, 물리적·환경적 데이터베이스를 전개시키며, 실시간 화재양상을 예측하고 지역의 현재 화재 위험을 평가하기 위한 첨단 전자시스템
- 비상사태 정보 조정을 중앙화
- 소방활동 기관에게 진압 전 기획을 지원

다수기관 조정통제체제(MACS)는 독자적인 운영권한이 없으며, 다음

과 같이 여러 점에서 독특하다.

- 구성원의 자발적 협력에 의존한다.
- 구성 관청의 형식상 규정된 통수 기능을 확장시킨다.
- 이용자 중심의 관리체제이다.
- 기관의 운영능력 향상을 목적으로 하고, 서비스 중심적이다.
- 개별기관의 권한을 포기하게 하거나 유용하지 않는다.

이전에 요약된 결정단계는 통합지휘팀, 작전팀, T/F팀 및 전문가집단 다수기관 조정통제체제(MACS)의 운영과정을 포함하며, 다음 사항을 제공한다.

- 모든 관할구역을 위해 일정한 형식으로 문화적 특징, 연료, 지형, 위험 및 가치에 관해 현장에 특정한 정보를 포함하는 현재 이용 중인 종합적 지리적 데이터베이스
- 상호원조 지역 I와 VI와 관련하여 지역의 날씨, 부서 자원의 상황 및 화재활동에 현재 정보를 중앙에서 수집하고 처리하며, 전개시킨다.
- 지역 기상, 화재 양상, 확산 가능성 및 자원 효과성의 가능한 결과를 예측하고 평가할 능력을 통해서 개별적 재난지원을 높인다.
- 기관의 지원요청을 조정하고 각 재난의 요구를 충족시킬 자원을 가장 잘 할당하고 분배할 수 있는 능력을 갖추고 대형 및 복합재난 상황의 평가작업을 동적으로 집중화시킨다.
- 서류관리를 포함하여 다수기관 조정통제체제(MACS) 및 ICS 프로그램의 관리, 교육 조정, 데이터베이스, 소프트웨어 및 장비를 유지한다.
- 여러 관할구역과 관련된 재난대응시 비용을 누적적으로 계산하고 배분한다.

나. ICS 운영 요소

재난현장지휘체제(Incident Command System)는 상호 작용하는 8가지의 요소로 구성되어 개념적인 기반을 구현하기 위한 토대를 제공한다. 이러한 요소는 다음과 같다:

- 공통용어
- 모듈화된 조직
- 통합된 통신
- 통일된 지휘 조직
- 통합된 행동 계획
- 관리 가능한 통제 범위
- 지정된 재난처리시설
- 포괄적인 자원 관리

(1) 공통용어

공통용어는 조직적인 기능, 자원 식별, 분류와 할당 및 시설과 같은 중요한 요소에 대한 다양한 사용자의 연합 작전에 필수적이다. 용어는 모든 ICS 조직 단위에 대해 표준화되어 있다. 예를 들면, 모든 장비는 이름보다 '형식'과 특성으로 나타낸 명칭을 가진다. '소방차'는 임의의 수의 서로 다른 장비 종류를 나타낼 수 있으며, '대원(crew)'은 요청한 임의의 장비에 대한 광범위한 경험 및 훈련을 뜻할 수도 있다. 따라서 기동 타격팀의 유형 및 장비와 대원에 대한 최소기준은 특정 장비와 대원을 요청한 재난지휘자가 작전조정센터를 통해 원하는 대상을 공급받을 수 있도록 설정되었다. 비슷한 방법으로 주요 기능 및 기능 단위에 대한 기준에 합의하였다. 예를 들면 용어색인은 ICS 문서 작성시 흔히 사용되는 모든 FIRESCOPE[2] 용어의 전반적인 정의를 포함한다. 용어는 '기관 대표'에서부터 '탄소차'까지 정의되어 있다.

이러한 정의에 따라 요청한 자원을 급파한다는 확신을 가지고 자원요소를 할당할 수 있다. 또한 "사령부, 재난기지, 현장 구역 등"과 같은 시설에 공통 식별을 사용한다.

(2) 모듈화된 조직

ICS 조직구조는 기능별 및 모듈별로 구성된다. 지휘구조는 재난유형과 규모에 따라 가동된다. 조직구성원은 수직적으로 구성되며 최초 책임은 재난지휘자가 담당한다. 필요에 따라 재난의 관리 필요성을 바탕으로 별도의 팀을 추가적으로 구성할 수 있다. [그림 4-1]은 재난지휘체

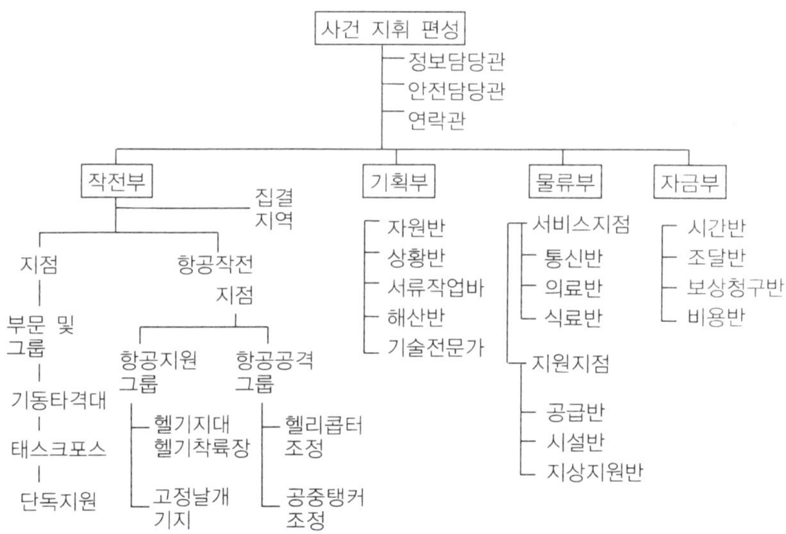

[그림 4-1] ICS 모듈구조

---

2) FIRESCOPE는 FIrefighting REsources of Southern California Organized for Potential Emergencies의 약자. FIRESCOPE의 기본개념은 단일 소방 활동 기관의 능력을 초과하는 재난에 대응하기 위해서 공통적인 절차 및 조직구조의 맥락 내에서 필요한 관계기관들의 자원들을 적절히 투입하는 것을 포함한다. 이 개념은 여러 관할구역과 관련된 재난에 대한 화재사고 이외의 재난까지도 포함한다.

계(ICS)의 모듈구조를 보여준다. 적절한 기능범위 내에서 책임을 할당하여 전체 조직의 규모를 상시 필요한 대응수준으로 유지할 수 있다.

(3) 통합된 통신

재난발생시 통합된 통신은 공통 통신계획과 재난별 통신센터를 통하여 관리된다. 센터는 전적으로 재난에 할당된 전술적 및 기타 자원 지원을 목적으로 한다. 모든 통신은 영어로 하며 코드는 사용하지 않는다. 통신팀은 재난시 모든 통신을 책임진다. 이것은 재난시 구축된 무선망, 현장전화, 구내방송 및 재난현장 밖의 전화·고주파·무선 시스템을 포함한다. 대형 재난을 위한 특정 무선망은 '지휘망', '전략망', '지원망', '상공중망', '공중망'으로 구성되며, 각각에 대해 특정지휘 및 지원 요원, 기관, 지리적 구역 등이 할당된다.

(4) 통일된 지휘조직

재난은 관할경계와 무관하게 발생하며, 각 기관의 법률적 책임과 권한은 단일관할권에 국한되므로 여러 관할구역에 걸친 비상사태에는 지휘를 통일할 필요가 있다. 통일된 지휘의 개념은 여러 관할구역에 걸친 재난시 관할책임이 있는 모든 기관이 다음 과정에 참여함을 뜻한다.

- 전체 재난 대상 결정
- 전략선택
- 전략적 활동에 대한 합동계획 달성보증
- 통합된 전략 작전수행보증
- 할당된 모든 자원의 활용 극대화

통일된 지휘조직 내에서 업무 참여자의 적절한 비율선택은 재난위치, 행정관할권, 재난유형 및 관련 관할구역에서 요청하는 업무기관에 따라 달라진다. 통일된 지휘구조는 여러 관할구역 또는 단일 관할구역 내 여러 업무부서의 중요한 담당관을 포함할 수도 있다.

또한 지휘구조는 지주 또는 전문가 혹은 전문기관을 포함할 수도 있다. 여러 관할구역에 걸친 중대한 재난의 공동목적 및 전략을 수립하여 행동계획을 작성하는 지침이 된다. 통일된 ICS 지휘조직 하에서 행동계획의 구현은 운영 부문(operation section)을 담당하는 운영대장이 지휘한다. 운영대장은 보통 관련 최대 관할구역의 부서에서 맡는다. 작전대장 지명은 해당 재난에 대한 관할권 및 업무책임이 있는 모든 기관의 동의를 얻어야 한다.

(5) 통합된 행동계획

모든 재난에 대해 일정 양식의 서면행동계획서를 수립해야 한다. 여러 기관의 자원을 이용하는 경우, 여러 관할구역이 관계되는 경우 또는 재난처리를 위해 요원이나 장비 교대가 요구되는 경우에는 서면행동계획서를 이용해야 한다. 재난지휘자는 목표를 수립하고 관할구역의 요구조건에 따라 재난에 대처하기 위한 전략을 결정한다. 통일된 지휘 상황에서 재난목표는 모든 관할기관의 정책과 요구를 반영해야 한다. 행동계획은 재난전략에 적용되며 작전기간 동안 필요한 활동을 지원해야 한다.

(6) 관리 가능한 통제범위

적절한 관리계획 뿐만 아니라 통제범위는 안전에 영향을 미친다. 일반적으로 ICS 내의 재난관리책임자의 통제범위는 3명에서 7명의 범위에 있어야 하며 5명이 가장 바람직하다. 재난유형, 업무성격, 위험과 안전요인 및 모든 구성원 사이의 거리는 통제범위 결정에 영향을 미친다. 통제범위에서 중요한 고려사항은 변화예측과 이에 대한 대비이다. 이것은 보고팀의 증가로 인해 효율적인 관리가 어려울 때 신속한 대응조직을 구성하는 동안 특히 중요하다.

(7) 재난처리 지정시설

재난 지역과 그 주변에는 여러 가지 시설이 구축될 수 있다. 시설의 종류와 위치는 재난요건과 재난지휘 방향에 따라 결정된다. 현장지휘소, 재난기지, 캠프, 대기소, 헬기기지 및 헬기착륙장을 포함하여 여러 가지 종류의 시설에 대해 ICS 사용가능성을 정의한다.

(8) 포괄적인 자원관리

자원은 재난대응 필요성에 따라 다음 세 가지 방법 중 하나로 관리할 수 있다.

- 단일자원은 개별적인 소방차, 불도저, 대원, 헬리콥터, 제설기 등을 말하며, 주로 전술적인 장치로 배정된다.
- T/F팀은 특정임무를 위해 임시로 구성된 자원의 조합이다. T/F팀의 모든 자원에 대해서는 공통통신과 지휘관이 있어야 한다. 지휘관에게는 전용차량이 제공된다. T/F팀은 특정전술상 필요에 따라 조직되고 단일자원으로 해체된다.
- 기동타격팀은 설정된 최소요원과 함께 동일한 종류와 형식의 자원으로 구성된다. 기동타격팀은 항상 통솔자 및 자원요소간의 공통통신체제를 가진다. 기동타격팀은 소방차, 수작업반, 제설기, 불도저 및 기타 공통 구성요소 간의 조합에 유용한 전술 자원이 될 수 있는 여러 자원으로 구성될 수 있다.

가능한 경우 자원의 활용을 극대화하고, 많은 단일자원의 관리 통제를 줄이고, 통신부하를 줄이기 위해 기동타격팀과 T/F팀 활용이 권장된다. 정교한 최신자원의 유지보수는 할당, 가용 및 고장의 세 가지 상태 지정과 해당 기능단위의 자원상태변화에 대한 보고로 이루어진다.

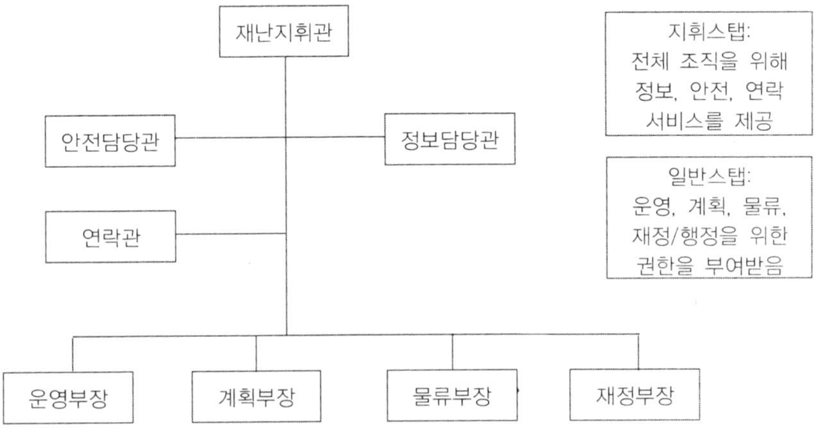

[그림 4-2] ICS 지휘관과 구성원

3) ICS 지휘관과 구성원의 역할

[그림 4-2]는 ICS에서 재난지휘관과 구성원간의 관계를 나타내고 있다.

(1) 재난지휘관

재난지휘관은 전략적 결정의 개발과 이행을 포함하는 재난조치활동과, 자원의 발주와 배출의 승인에 대한 책임이 있다. 재난지휘관의 역할은 명령수행, 생명과 자산 보호, 인적・물적 자원 통제, 임무수행과 함께 재난대응자와 공중의 안전에 대한 책임, EOC를 포함하여 외부 기관 및 단체와 효과적인 연락을 수립하고 유지하는 것 등이다.

재난지휘관은 처음 재난현장에 도착한 선임 대응자가 되며, 이후 주책임을 갖고 있는 기관(Agency with primary responsibility)으로 그 다음에는 높은 자격을 갖춘 재난지휘관(Highly qualified incident commander)으로 변경될 수 있다. 지휘권 이양시에는 전임 지휘권자는 후임 지휘권자에게 전반적인 브리핑을 해야 하며 모든 스탭들에게 지휘권 변경을 알려야 한다.

(2) 정보담당관

지휘스탭인 정보 담당관은 재난에 관한 정보를 수집해서 뉴스매체와 다른 적절한 기관과 관청에 공개할 책임이 있다.

(3) 안전담당관

지휘스탭의 일원인 안전담당관은 위험한 상황을 모니터하고 분석해서 직원의 안전을 보장하는 조치를 강구할 책임이 있다. 비록 담당이 즉각적인 조치가 요구되는 위험한 행동을 멈추게 하거나 막기 위해 비상권한을 행사할지라도, 권한의 정식 루트를 통해 위험한 행동과 상태를 바로 잡는다. 담당은 지금 진행 중이고 발전되는 상황에 대해 인식하고, 의료계획을 승인하고, 각 재난조치계획에 안전 메시지를 도입한다.

(4) 연락관

연락관은 재난원조 또는 협조기관으로부터 그 재난에 대해 기관이 참여하는 것에 영향을 미치는 모든 문제에 관한 의사를 결정하도록 전권을 위임받은 임명된 개인이다. 연락관은 만약 연락 담당이 있으면 그에게 보고하고, 만약 연락 담당이 없으면 재난지휘관에게 보고한다. 재난에 대해 각 기관으로부터 배정된 단 1인의 연락관만이 있다.

(5) 운영부장(작전대장 또는 현장지휘대장)

운영부장은 일반스탭의 일원으로, 주요 임무에 직접 적용되는 모든 작전의 관리에 대해 책임이 있다. 운영부장은 재난조치계획에 따라 조직의 요소를 동원·감독하고, 실행을 명한다. 운영부장은 또한 부서작전계획, 자원의 요구 또는 배출의 준비를 지시하고, 필요하다면 재난조치계획을 시기에 따라 변경한다. 그리고 재난지휘관에게 해당 사항을 보고한다.

(6) 계획부장

계획부장은 재난지휘관의 일반스탭 중 일원으로, 재난·자원 현황에 관한 정보수집·평가·배포 및 정보의 사용에 관해 책임이 있다. 정보는 현 상황의 이해, 재난에 대해 가능한 경로의 예측, 재난에 대한 대체 전략준비와 재난에 대한 통제작전을 위해 필요하다.

(7) 물류부장

물류부장은 일반스탭 중 일원으로, 재난지원에 필요한 시설, 서비스, 자재를 제공할 책임이 있다. 부장은 재난조치계획의 개발과 이행에 참가하고 자원지원 부서 내에서 각 반과 부서를 동원하고 감독한다. 특히 운영이 장기화되고 확대될 때 중요하다.

(8) 재정부장

재정부장은 재난의 비용분석, 그리고 재무부의 인원을 감독하는 일에 대해 책임이 있다. 재난에 소요된 비용과 보상계정을 추적하는 것은 핵심업무이며, 만약 신중히 기록하거나 평가하지 않는다면 보상은 어려워질 수 있다.

2. 재난대책본부(EOC)

EOC(Emergency Operation Center)는 대응과 복구를 관리하기 위하여 기관간 조정과 의사결정을 내릴 수 있는 중심 장소를 말한다. EOC에서도 ICS와 마찬가지로 총괄관리, 운용, 계획, 물류, 재정·행정 등 5가지 재난관리기능을 수행한다.

EOC의 책임은 방향 제시와 통제, 상황평가, 조정, 우선순위 결정, 자원관리 등이다.

관리자는 EOC 책임자로서 전반적 책임을 갖고 있으며 각 부서에 장을 지명하는 권한을 갖는다. EOC 책임자는 지정되지 않은 기능에 대해 책임을 진다. EOC 조직의 규모는 재난상황에 따라 결정된다. 필요하지 않은 부서는 조직을 단순화하고 인적자원 요구를 줄이기 위해 비활성시켜야 한다.

운영관리와 조정시에 발생하는 일반적인 문제로는 모호한 권한 라인, 모호한 책임, 공통 용어 부족, 정치적 개입 등이 있다.

EOC 조직구성은 다양할 수 있다. 시(City), 카운티(County), 주(State) 등에서 다양한 EOC 조직구성의 예를 살펴볼 수 있다.

① 시(City) EOC 조직구성 예

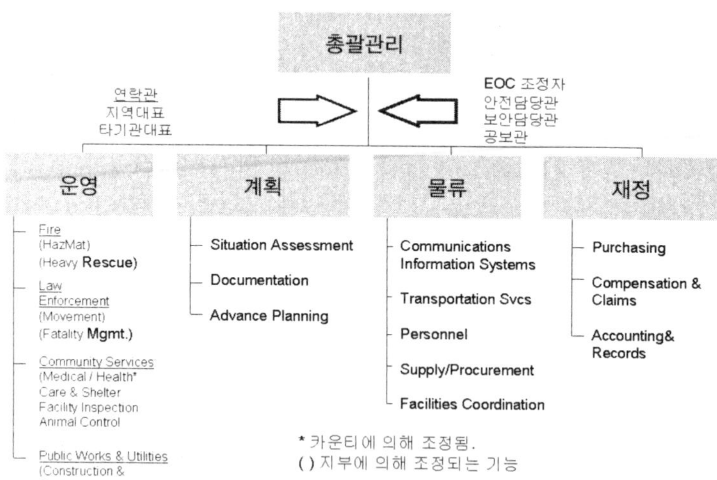

② 카운티(County) EOC 조직구성 예

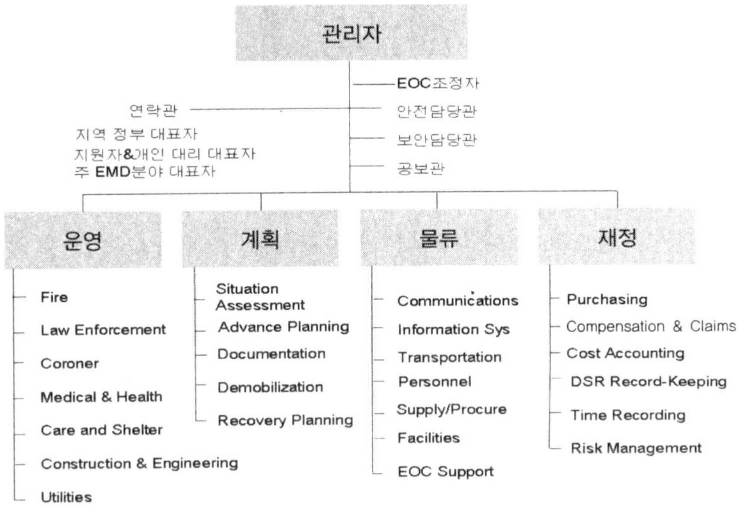

③ 주(State) EOC 조직구성 예

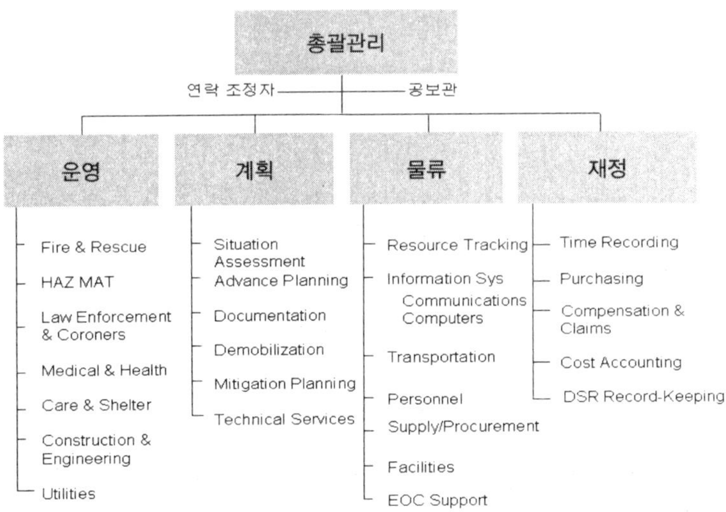

3. 국가사고관리시스템(NIMS: National Incident Management System)

1) NIMS 개요

NIMS는 테러행위를 포함하여 자연재난과 재난사태에 보다 더 잘 대응하기 위해 서로 다른 지역에서 서로 다른 훈련을 받아온 대응자들이 함께 일할 수 있도록 개발된 체계이다.

NIMS의 이점으로는 사고관리의 통일된 접근과 표준화된 명령 및 관리 구조, 대비와 상호 원조, 자원 관리를 강조하는 것이며 이는 연방·주·지방 등 모든 정부와 민간재난에 효과적이고 충분하게 공동으로 대응하고 대비하기 위한 일관된 범국가적 접근 방식이다. 또한 이는 사고지휘와 여러 기관간 조정을 위해 핵심 컨셉, 원칙, 용어들을 사용하고 있다.

국가대응계획(National Response Plan)에서는 NIMS의 컨셉과 원칙을 이용하는 국내 재난관리에 대해 포괄적이고 범국가적인 접근을 위해 구조와 메커니즘을 제공하고 있으며, 국가적으로 중요한 재난의 대응에 참여하는 모든 연방정부와 기관에 적용가능하다.

국토안보 대통령령 5호에서는 모든 연방정부와 기관들이 NIMS와 NRP(National Reponse Plan)를 채택할 것을 요구하고 있으며, 연방 준비 원조를 위한 조건으로 주와 지역에 NIMS를 준용할 것을 요구하고 있다.

NIMS의 핵심 철학(concept)으로는 상호운영과 호환을 위한 틀, 유연성, 표준화, NIMS 통합센터를 통한 지속적인 지원 등이 있다.

상호운영과 호환성을 위한 틀(framework)

- 유연성(flexibility)
  - 일관되고 유연하고 조정 가능한 국가적 틀
  - 사고의 원인과 규모, 지역 또는 복잡성에도 개의치 않고 적용가능

▶ 표 4-1 ◀ NIMS의 핵심 구성 요소

지휘와 관리	사고지휘시스템(ICS: Incident Command System) ICS는 운영 특성, 상호관리 구성요소, 사고관리의 구조, 사고의 수명주기에 전반적으로 관여되어 있는 사고 대응 조직들을 정의한다.
	다수기관 조정통제체제(MACS: Multiagency Coordination System) MACS는 하나의 사고에서 사용되는 모든 지원과 조정 구조를 함께 묶는다. MACS의 주요 기능은 사고관리정책과 우선권을 지원하고 조정하는 데 있다.
	공보체계(PIS: Public Information System) PIS는 위기상황 동안 대중에게 시기적절한 커뮤니케이션과 정확한 정보를 제공하는 절차와 과정을 포함한다. 모든 수준의 정부는 재난기간 동안, 자원봉사단체 및 개인기업과 더불어, 공적인 정보를 수집·검증·조정·전파하는 능력을 가져야 한다.
대비	어떤 잠재적인 사고에도 미리 대처할 수 있도록 하는 계획, 훈련, 연습, 개인적 자격부여, 인증기준, 장비습득, 공표관리 프로세스를 포함한다.
자원관리	이 구성요소는 표준화된 메커니즘을 정의하고 사건주기를 넘어선 재고, 동원, 파견, 추적 및 회복자원을 설명하는 과정을 위한 요구사항들을 수립한다.
통신, 정보관리	이 구성요소는 통신, 정보관리(수집, 분석, 배포), 그리고 사고관리의 모든 수준에 있어서의 정보공유를 위한 표준화된 틀을 위한 요구사항을 확인한다.
기술지원	기술과 기술적 시스템은 NIMS를 구현하고 지속적으로 발전(refine)하는 데 꼭 필요한 능력을 지원한다.
지속적 관리와 유지보수	이 구성요소는 NIMS가 간과할 수 있는 것들을 위해 장기적으로 시스템과 그 구성요소에 대해 지속적이면서도 계속적인 발전을 지원함으로써 전략적 방향을 제공하기 위한 활동을 수립한다.

- 표준화
  - 조직적인 구조의 표준화
  - 상호운용을 위한 방법
- 지속적인 지원 : NIMS 통합 센터

2) NIMS의 핵심 구성요소

NIMS의 핵심 구성요소는 지휘와 관리, 대비, 자원관리, 통신과 정보관리, 기술지원 및 지속적인 관리와 유지보수 등이 있다.

4. 카운티의 재난대응체계 사례

1) 비상운영계획(EOP: Emergency Operation Plan)

미국의 한 카운티에서는 예기치 못한 대규모의 사건에 대하여 지휘명령 및 협조 역량을 발휘해야 하는 책임을 보유한 부서나 관련기관을 지정하기 위해 비상운영계획(EOP)을 수립하고 있다. EOP에는 지휘명령과 대응활동을 구성하고 관리하는 방법을 기술하고 있으며, 재난·재해에 대한 경감, 대비, 대응, 복구 활동을 위한 기본 틀을 제공하고 있다.

일상적인 대응시스템을 뛰어넘는 규모와 복잡한 재난상황에 대처하기 위해서, 카운티의 모든 공공 부서, 조직, 위원회, 비정부 단체들은 각자의 역할과 의무를 이해하는 것이 아주 중요하다. 이러한 비일상적인 업무들은 우발적 사건이 인지되거나 또는 대응에 이어 시작되며, 최초대응책임자들의 초기대응 단계를 뛰어넘을 때 특히 중요하게 된다.

비상운영계획(EOP)은 비정상적인 대규모의 사태에 책임 있는 부서와 조직을 각각 명시하고, 다양한 지휘와 대응조직들이 어떻게 구성되고 관리되어야 하는지를 기술하고 있다. 이것은 어떠한 재난 상황이나 재난으로부터 어떻게 조치하고 준비하고 대응하며 극복할 수 있는지에 대한 기본적인 틀을 제공한다.

EOP는 다양한 조직이 참여하며, 다양한 조직을 구성·운영하며, 사건발생 지역에 자원을 할당하기 위해 ICS(Incident Command System)/NIMS(National Incident Management System) 원칙에 근간을 둔 구조하에 운영된다. ICS는 설비, 장비, 인적 자원, 업무 그리고 통상적인 조직구조에서 이루어지는 체계이다. 이 시스템은 일반적으로 연방, 주 그리고 카운티 등 지역에서 인지하고 있는 체계이다.

2) 재난대응체계

(1) 시장과 위원회의 역할과 책임

카운티 정부의 최고 지휘관리자는 카운티 수장인 시장이며, 공식적으로 재난 운영관리 책임자로 지명된다. 시장은 카운티 위원회의 다섯 명의 위원에게 통보한다. 이 위원회의 위원장은 시장이 된다. 재난정책팀, 재난운영팀, 사고지휘팀은 바로 시장에게 보고하며, 사전 재난 계획, 재난 및 사고 지휘 및 복구에 대한 자문을 할 수 있다.

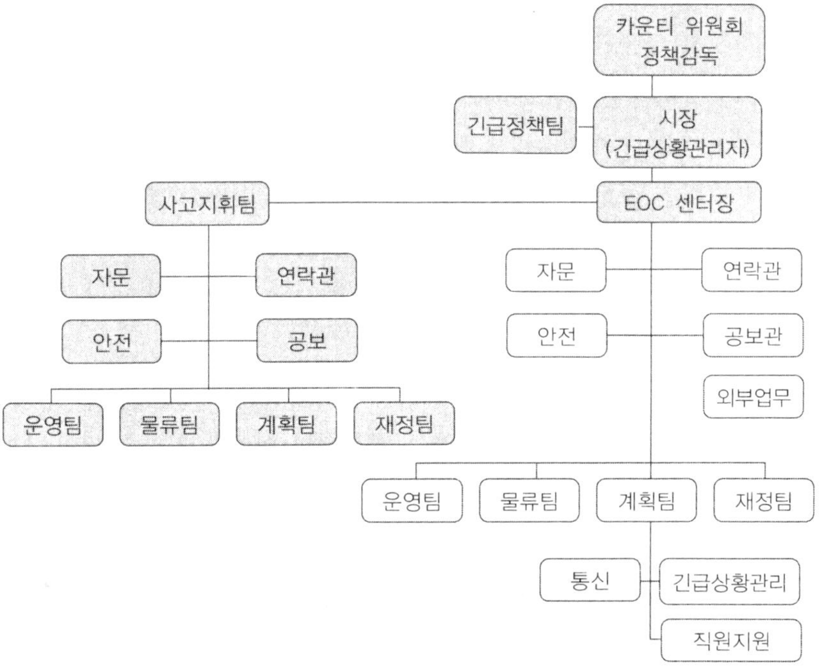

[그림 4-3] 카운티의 재난대응체계도

카운티 위원회의 의장은 최고 선출직 공무원으로서 임무를 수행하며 부위원장은 위원장의 부재시 대리로 업무를 수행한다. 카운티 위원회는 재난상황과 관련된 정책과 정치적 활동에 대한 책임을 갖는다. 카운티 위원회는 시장의 재난상황 선포 후 14일 이내에 공식적인 활동을 개시해야 한다.

또한, 카운티 위원회는 기 발효된 재난상황의 해제를 공식적으로 선포한다. 위원회의 기타 책임은 일반적으로 위원장이 처리한다. 여기에는 카운티를 위한 지역(area), 주(state) 수준의 다른 공무원들과의 협력, 전반적인 대변인으로서의 역할, 국회의 대표 등이 포함된다. 위원장은 또한 최고 선출직 공무원(chief elected official)으로 요구되는 기타 다른 활동을 수행한다.

법령에 의해서 재난상황의 직접적인 관리는 시장에게 위임되며, 시장은 공식적인 재난 상황관리에 대한 시의 지휘자가 된다. 재난상황 동안 시장의 역할은 카운티 위원회 정책을 실행하는 것이며, 전반적인 지휘와 부서의 대응을 모니터링하는 것과, 사태의 지휘를 위한 권한을 위임하는 것, 재난선포의 법적 요구사항과 시장급 수준에서 다루어야 할 기타 이슈를 시행하는 것이다.

또한 시장은 관할 카운티의 재난운영팀과 위원회 그리고 지방, 주, 연방정부 수준의 정치기관들 사이에서 결정적인 연결부 역할을 하며, 사고 또는 재난상황 동안의 시장의 기능은 다음 사항을 포함한다.

- ○ 재난운영팀(emergency operations team)이 재난상황을 처리하고, 사고지휘팀(incident command team)이 사고를 처리하도록 권한을 부여한다.
- ○ 재난선포와 같은 법적 요구를 수행한다.
- ○ 카운티 위원회의 위원들, 지역·주·연방의 정치 기관을 포함한

정치적 단체에게 연락을 한다.

○ 재난운영팀과 사고지휘팀에게 카운티・지역・주・연방의 정치적 리더그룹이 취하는 행동과 의사결정을 통보한다.
○ 재난운영팀에게 정책적 가이드를 제공한다.
○ 커뮤니티 정보와 같은 민감한 이슈에 대한 지침을 제시한다.
○ 재난운영팀에게 조언과 지원을 한다.

시장, 부시장 또는 지명인은 재난운영을 감독하고 필요시 카운티의 대응에 대한 안내 역할을 한다. 시장 또는 앞에서 언급한 단체는 재난운영팀 또는 사고지휘팀의 회의에 참석한다. 시장의 참여는 카운티 부서와 기타 관계기관에 대한 지시와 가이드 뿐만 아니라 재난운영팀에 대한 정책적 가이드 형태로 이루어진다

재난시 카운티 관리자는 정책적 방향을 제시하고, 적절하게 카운티 조직의 대응을 감시하며, 상황에 따른 대리인을 파견하며, 비상사태 선언에 필요한 모든 요구사항을 완수한다.

(2) 재난정책팀의 역할

재난정책팀은 현장의 재난운영에 풍부한 식견을 가진 상위급 관리자의 핵심 그룹으로서 시장에게 사전 재난계획, 재난 및 사고 지휘와 복구에 관하여 자문한다. 또한 시장의 대표 리더십 팀(executive leadership team)의 독립된 분과위원회로 운영된다. 재난정책팀의 핵심 위원은 아래와 같이 구성된다.

- 시장(위원장)
- 시장 보좌관(위원장 부재시 대리)
- 재난관리실장(OEM) (재난정책팀의 기획과장)
- 경찰서장(Police Chief)

- 소방서장(Fire Chief)
- 복지부서(Dept. of Human Services)
- 환경서비스 부서(Dept. of Environmental Services)
- 통신 및 공무 부서(Communications and Public Affairs)
- 시립학교(Public Schools)의 교장
- 보안관(Sheriff)

재난정책팀은 관계 정책과 시장을 위한 조언을 감독하는 데 집중한다. 재난정책팀의 각각의 위원들은 집행 의사결정 권한을 갖는 참모진을 대리인으로 지명하며, 대리인 지명은 위원들이 다른 필요 업무를 수행함에 있어서 융통성을 보장한다. 재난정책팀에게 할당된 임무는 통합재난상황관리 프로그램 안에서 다른 역할을 수행하는 구성원과 연계된다.

핵심 위원들의 우선적 역할은 사고대응간에 효과적인 정책에 관하여 시장과 재난정책팀을 위해 자문하는 것이며, 시장은 위원들의 추천에 의해 특정한 사고 대응에 필요한 구성원을 추가할 수 있다. 재난관리 조정자의 보좌관은 재난정책팀이 가동하는 동안 재난정책팀을 위한 조정자의 참모로서 임무를 수행한다.

대응감독 의무의 수행에 있어서 시장은 사건(event)과 관련된 이슈를 다루기 위해서 재난정책팀을 소집할 수 있다. 회의가 소집되면 재난정책팀은 사고에 대한 최신 현황보고(update briefing)를 받고, 시장에게 정책 조언을 한다. 재난정책팀은 시장의 지시에 의해 재난통신센터의 재난호출절차를 통해서 언제든지 소집될 수 있다.

재난정책팀은 카운티에 영향을 미치는 이슈 뿐만 아니라 관계 부서의 대응, 재난상황 또는 사건으로부터의 복구에 대한 광범위한 이슈를 검토한다.

(3) EOC와 재난운영팀의 역할

EOC 센터장(The Director of the Office of Emergency Management) 또는 피지명인은 일반적으로 기획과장 임무(planning chief duties)가 부여된다. 계획과장의 임무는 다음 사항을 포함한다.

- 시장 또는 지명인에 대한 자문 : 재난정책팀 회의 시간 및 안건에 대한 수립
- 사고지휘팀과 재난운영팀의 행동계획과 최신 업데이트 현황에 대한 정책 수준의 브리핑 제공
- 재난운영팀과 사고지휘팀으로부터의 질의 답변 · 정책적 이슈정보 제공
- 수렴된 정책적 지시를 재난운영팀과 사고지휘팀의 계획에 반영

정보 브리핑은 EOC 부서장, EOC 계획과장, 사고지휘자 또는 사고운영과장, 정책 조언을 위한 외부 전문가 또는 기타 상황에 적합한 전문가가 제공한다.

재난운영팀은 재난상황 동안 재난운영센터를 관리하는 기능 조직이다. 이 팀은 사고(incident)의 범위를 넘어서 카운티 전반의 자산을 조정하고 관리하며, 긴급지원기능(ESF)의 협조를 감독한다.

- EOC 센터장은 재난관리실(OEM)의 실장 또는 지명된 사람이 된다.
- EOC에는 아래 직위를 포함한다.
  - EOC의 부센터장(Deputy Emergency Operations Center Director (A Deputy Coordinator of Emergency Management))
  - 안전관(Safety Officer)

- 공보관(Public Information Officer)
- 연락관(Liaison)
- 자문위원(Advisors)
- 운영, 물류, 계획, 재정관련 각 팀장

재난운영팀은 사고 현장을 벗어난 모든 전략적 재난상황 관리운영에 대한 책임을 가지며, 그 책임은 아래와 같다.

① 특정한 사건에 운영되는 사고지휘시스템을 통해서는 얻을 수 없는 자원을 제공하면서 사고지휘팀에 직접적으로 지원함. 여기에는 외부 자원(연방, 주, 기타 관할 지역 등)의 자원에 대해 조정하는 것이 포함된다.

② 사고 지휘팀에 의해 한정된 범위 밖에서 사고와 연관된 재난상황 이슈를 직접적으로 관리함. 이것은 지리적으로 (상황 현장 외부) 또는 기능적으로(복수의 상황이 존재하거나 파급영향이 광범위할 경우) 결정된다.

일반적으로 재난운영팀은 재난상황 중에 유지하거나 필수적인 카운티 서비스를 복구하는 일, 재난 발생에 의한 사상자와 자산손실을 회피하거나 최소화하는 일, 재정 및 기타 주요 파급영향을 작성하는 일 등을 한다.

재난운영팀은 카운티의 부서 및 기관, 비정부 재난기관에게 제공한 가이드를 가지고 카운티 전반의 목적(goals)과 전략적 목표(strategic objectives)를 확립함으로써 카운티 전반의 대응을 조직한다.

③ 사고지휘팀과 카운티 시장 그리고 카운티 위원회간의 통합된 정보를 제공보다 자세한 재난운영팀의 임무는 다음 사항을 포함한다.
- 사고지휘팀의 원조 요청

재난운영팀은 사고기간 동안 현장 운영과 사고지휘자를 지원하기 위한 행정, 자재, 인력을 조정한다. 사고지휘팀이 해당 대응에 직접적으로 관련된 기관으로부터 획득하지 못한 자원을 요청하면 재난 운영팀은 이에 대한 요청을 수락하고 카운티의 ESF을 통하여 지원방법을 모색한다.

만일 다중 긴급지원기능(ESF)에 놓인 복잡한 이슈를 해결하기 위한 새로운 그룹이 필요하다면 재난운영센터 안에 구성될 수 있다.

위급한 경우에는 카운티 외의 자원에 대한 원조도 준비될 수 있으며, 재난운영센터는 일반적으로 주, 연방정부로부터 모든 원조를 받을 수 있다. 재난운영센터에서는 이러한 인력과 자재 등 외부의 자원이 사고에 할당될 때까지 관리하게 되며, 일단 사고에 할당되면 사고지휘팀에게 운송된다.

- 사고범위 밖의 이벤트(Events outside the scope of the incident itself)

  재난운영팀은 그들의 운영계획을 통하여 대국민 보도 및 주와 연방 정부와의 협조와 같은 해당 사고와 관련 없는 다른 재난 이슈를 처리한다.

  재난운영센터의 계획과장은 우발적 사건, 장기간의 이슈, 동원해제 등에 대한 계획을 감독한다.

- 주정부와의 협력(Coordination with the State Government)

  재난운영팀은 카운티 EOC와 주 EOC간의 협력에 대한 책임을 갖는다.

  재난운영팀은 EOC장(또는 피지명인)의 승인하에 이러한 보고서를 제출하고 최신화한다.

- 시장과의 협력(Coordination with the County Manager)

재난운영팀은 재난운영센터가 완전히 작동되어야 할 때와 계획상의 대응, 동원해제, 복구 전환시점에 대해 시장에게 조언을 한다. 재난상황이 공식적으로 선포되어야 하는 시점과 법률과 법규에 의해서 다른 직접적인 행동이 요구되는 시점에 대해서도 조언한다. 정책적 의문사항을 도출하며, 정책적 지시를 재난운영센터 계획에 반영하고 사고지휘팀에게 전달함으로써 시장의 정책결정이 적용되도록 돕는다. 적시에 정확한 정보를 재난정책팀과 기타 카운티 정부관료, 그리고 대중에게 제공한다.

(4) 계획팀

재난운영센터 내 계획팀은 재난정책팀의 회의 때, 정책결정에 관한 문서를 작성함으로써 EOC장을 지원한다. 회의 안건을 제공하고 관련된 회의에 서류 작성을 돕는다. EOC장은 시장으로부터 정책적 지시와 기타 권고를 수령하고 사고지휘팀에게 전달하며, 재난운영센터의 운영계획과 긴급지원기능(ESF)의 지시를 통하여 처리상황을 감독한다.

(5) 긴급지원기능(ESF)

긴급지원기능은 태스크그룹으로 조직되며 EOC 밖에서 운영된다. 지원기능은 사고와 자체 이슈에 대해 사고지휘팀에 자원을 제공하며, 사고지휘팀의 범위를 넘어선 사고 관련 이슈에 대해서는 재난운영팀에게 자원을 제공한다.

재난운영팀은 ESF 활동을 모니터한다. 미리 수립된 ESF 구조 하에서 다루기 어려운 이슈가 발생할 때에는, 재난운영팀은 태스크그룹에게 필요한 자원을 확보하도록 지원한다.

재난상황 동안에 ESF는 각 태스크그룹의 전문 분야에 할당된 임무를 수행한다. 이는 각 그룹의 전문 영역과 관련하여 재난운영팀이나 EOC 계획팀으로부터 위임된 것이다. 보조기관 또한 각 ESF에 지정된다. 재난대응을 통제하는 사고지휘팀의 요구에 반응하는 부서, 기관, 비정부 재난조직 등이 이에 해당된다. 각 ESF는 카운티의 책임부서나 실이 지정되어 있으며, 책임부서는 관련 보조기관들과 연락하는 책임이 있다.

각 책임기관의 역할에는 다음이 포함된다.

각 ESF에 대해 책임기관의 부서장은 ESF 리더를 지명하는 책임이 있으며, 리더는 ESF가 재난상황에 대해 충분히 운영되는 것을 보증하는 책임이 있다. 의무사항은 다음과 같다.

- ESF 구성원이 각자의 역할과 책임을 이해하도록 필요한 계획을 수립하고 훈련을 실시
- ESF 지원에 필요한 정보와 기술적 자원을 준비
- 할당받은 임무를 완수하고 EOC에 보고
- 해결하기 어려운 운영상 이슈를 EOC내 적절한 직위에게 보고
- 사고시 ESF에 대한 전반적인 성과 평가

<표 4-2>는 ESF에 해당하는 책임기관과 보조기관을 나타낸 것이다.

▶ 표 4-2 ◀ ESF와 책임 및 보조기관

	ESF1	ESF2	ESF3	ESF4	ESF5	ESF6	ESF7	ESF8	ESF9	ESF10	ESF11	ESF12	ESF13	ESF14	ESF15	ESF16	ESF17
CMO															L		
AED														S			
CPHD			S		S	S			S		S			L			
DES	L		L		S		L			S	S	L		S	S		
HR																S	
DHS			S			L	S	L		S	L				S		L
LIB															S		S

DMF					S		L/C								S		
PRCR	S		S			L/C					S						S
DTS		L/C			S										S		
OEM		L		S	L	S	S	S	S	S	S			S	S		
FD			S	L		S	S	S	L	L			S		S		
PD	S		S			S	S	S	S	S			L		S		
APS	S		S			S					S				S	L	S
SHRF	S					S					S		S				
CAO			S														

L: Lead S: Support C: ESF Coordinator(If more than one lead)

Emergency Support Functions

1. Transportation
2. Communications
3. Public works & Engineering
4. Firefighting
5. Emergency Management
6. Mass care, Housing & Human Services
7. Resource Support
8. Public health & Medical Services
9. Urban Search & Rescue
10. Oil Hazardous Materials Response
11. Agriculture & Natural Resources
12. Energy
13. Public Safety & Security
14. Long Term Community Recovery and Mitigation
15. External Affairs
16. Employee Support
17. Volunteer & Donations Management

※ 이 표는 각 ESF에 관련된 카운티 기관만 보여준 것이며, 몇몇 ESF에는 NGO가 참여하고 있다.

(6) EOC 계획

EOC 계획에서는 EOC를 운영하기 위한 지휘 및 지원스탭의 직위를 지정한다. 이러한 운영을 지원하기 위한 절차는 EOC에 있는 EOC 표준행동절차 매뉴얼에 수립되어 있고 유지되고 있다.

재난상황에서 EOC를 가동하기 위한 5가지 단계가 있다.

① 경보발령 및 활성화 단계(Notification/Activation Stage)

재난상황발생시 재난통신센터는 재난통보절차를 시작하도록 되어있다. 재난관리실(OEM)뿐만 아니라 적절한 팀을 구성하기 위해 지명된 기관 책임자에게 통보한다.

이러한 지시는 소방서 또는 경찰서 또는 재난관리실(OEM)의 책임관리자로부터 시작된다.

사건을 설명하는 간결한 메시지는 경보발령시 포함하도록 재난통신센터의 직원에게 제공된다.

만일 사고의 수준이 재난운영팀, 재난관리실, 긴급지원기능(ESF) 또는 재난정책팀을 모두 요구하지 않는다면 재난통신센터에게 그룹이나 특정 직위를 분명히 지정해야 한다.

기관, 부서 및 비정부 재난기관의 책임자에게 경보가 발령된다. 경보가 발령된 각 조직에 대해 재난시스템의 가동 수준 또한 구체적으로 지정된다. 만일 경보가 발령된 조직과 직접적인 음성통신(voice communication)이 안 된다면, 경보발령된 기관으로부터의 경보발령의 수령은 간결한 상황보고와 함께 메시지 형태로 요구된다.

경보발령 요청자는 재난통신센터에게 EOC, 재난관리실, 긴급지원기능 그리고 재난정책팀에서 근무할 지명된 직원들의 소집을 개시하도록 지시할 수 있다.

재난통신센터의 재난·사고 연락 리스트에 있는 특정 그룹에 경보가 통보되면, 재난관리실 책임 담당관에게도 통보된다.

재난통신센터는 경보발령 상황보고서를 재난연락절차(emergency call procedure)를 가동시킨 책임자에게 제출한다. 최초 보고는 가능한 신속하게 보고한다. 만일 상황보고가 15분 이내에 도착하지 않는다면 재난통신센터에 의해서 재난연락절차가 시작되었는지를 확인하는 것은 경보발령 요청자 또는 피지명인의 책임이다. 경보발령 요청자는 재난통신센터를 통하여 모든 주요 기관들과 담당자들이 통보받았는지를 확인한다.

② 동원단계(Mobilization Stage)

재난상황에 대한 정보를 받게 되면, 재난관리 부책임자(On-Call Deputy

Coordinator)는 EOC의 동원 진행상황을 감독하며, 재난에 따라 가동되는 긴급지원기능의 책임기관에게 정보 브리핑을 제공한다.

재난관리실과 카운티의 직원, 비정부 재난조직들은 각각 지정된 EOC 직위에 배치된다.

③ 재난운영단계(Emergency Operations Stage)

사고의 종류와 규모에 따라 재난관리실 직원에 의해 채워진 EOC가 사고지원에 필요한 전부일 수 있다.

재난운영팀은 EOC에 소집되어 할당된 임무를 수행한다. 항상 운영 후에 계획을 통하여 재난운영팀의 임무는 결정되고 수정된다. 운영주기의 길이는 사고지휘팀에 의해서 수립된다.

재난운영계획은 사고지휘팀 지원과 사고지휘팀 범위 밖의 이슈에 대한 관리에 초점을 맞춘 목표를 우선적으로 수립한다.

재난운영팀은 또한 EOC 관리와 지원계획 회의, 운영브리핑을 주관한다. 지원계획 회의의 시기는 사고지휘팀의 운영 브리핑 이후에 EOC 운영계획 브리핑이 열리도록 사고대책회의의 시기와 조정해야만 한다.

이러한 회의의 결과로 갱신된 사고행동계획(incident action plan)은 재난운영팀에 제공된다.

대부분의 주요 언론 브리핑은 일반적으로 사고지휘팀과 재난운영팀의 운영브리핑 이후에 실시되는 것이 이상적이다.

사고단계 동안 수행되는 주요 대응활동은 다음과 같다.

- 카운티의 주요 핵심 시설, 장비, 통신체계에 대한 이상유무를 확인
- 사고지휘팀 및 대응인력이 사용할 사전 배치된 자재와 장비, 동원인력을 확인
- 적절한 대중 재난정보와 경고를 확인
- 시민에 대한 위협요소에 대한 경고전파를 하고 예상위험 지역에

서 대피 또는 필요한 행동을 수행하면서 사고지휘팀을 지원

- 대량사상자를 위한 구호소 개소 및 운영에 대한 감독 지원
- 사고경계선 밖의 오염 지역에 대한 불필요 접근 통제(사고경계선은 일반적으로 사고지휘팀에 의해 관리됨)
- 사고지휘팀 통제지역 밖에서의 생필품에 대한 보호, 통제, 할당
- 사고지휘팀 활동범위 밖의 최초 피해 및 요구사항 평가
- 사고지휘 메커니즘에서 획득할 수 있는 전술적 원조를 벗어나는 상호원조에 대한 평가
- 카운티 전반에 관한 상황과 지출에 대한 문서작업
- 주 정부의 재난관리부에 최초 및 정기 상황보고가 포함되도록, 지방, 주, 연방 기관들과의 교환되는 정보를 조정하고, 사고 지역 이외의 카운티 내 상황에 대한 모니터링

④ 동원해제 단계(Demobilization Stage)

EOC 목표가 성취되고 임무가 완성되면 자원들은 동원 해제된다. EOC 기획팀(Plans Section)은 이 단계에서 절차를 개시한다.

동원해제절차는 EOC 센터장에 의해서 발전되고 승인된다. 일반적으로 카운티내의 자산이 아닌 것은 관내 자산보다 먼저 동원이 해제된다.

재난운영팀과 관련된 긴급지원기능를 통하여 EOC는 사고지휘팀의 사고 자산(incident assets)의 동원해제를 지원한다.

⑤ 복구단계로의 전환(Transition to Recovery Stage)

사고지휘팀이 직원 및 조직을 사고의 복구단계로 전환하는 동안 EOC는 계속 운영된다.

EOC는 EOC 동원해제계획에 의해서 센터의 긴급지원기능 자산을 동원해제한다. 그러나 사고복구 지원을 위한 재난관리 운영능력은 유지한다.

복구가 진행될 때 EOC 임무는 특정 기관이나 재난관리실 스탭에게 넘겨진다. 추가적인 자원은 카운티의 재난대응능력을 넘어선 재난일 때 가능하다. 이러한 자원으로는 상호원조, 주 정부의 지원, 연방정부의 지원, 국가방위군 및 US 국방성, 기타 연방지원 등이 있다.

(7) 사고지휘팀의 역할

사고지휘팀은 직접적으로 사고에 대한 대응을 이끄는 관리부서로서 카운티에 발생한 사고에 대해 범위를 정의한다. 사고처리를 위해서 사고지휘자(Incident Commander) 또는 통합지휘팀(Unified Command Team), 그리고 적합한 지휘 및 일반참모 직위가 할당된다.

사고지휘팀은 사고관련 목적과 목표를 수립하고, 사고처리 전략과 전반적인 전술에 대해 감독함으로써 현장 운영에 있는 대응자와 지원부문에게 가이드를 제공한다. 특정한 전술은 사고운영팀장(incident operations chief)에 의해서 발전된다.

현장 운영은 사고에 직접적인 책임이 있는 부서와 기관의 운영 책임자에 의해서 관리된다. 대응하는 부서와 기관은 직접 직원을 감독하기 위한 현장파견 관료("on-scene" officials)가 있다.

여러 다중 관할 지역을 포함하는 재난상황 발생시에 카운티는 지역통합지휘(Area Unified Command)에 참여할 것을 요청받게 된다. 일반적으로 사고지휘 책임기관(lead agency)의 최고 대표자가 지역통합지휘팀(Area Unified Command Team)의 일원이 된다.

사고가 발생된 동안 정보를 공유하고 카운티의 사고 대응을 위한 사고 처리 목표를 개발함에 있어서 적절한 입력을 얻을 수 있도록 통합지휘방법에는 여러 분야가 포함된다. 각 조직은 재난대응 운용시 통합된다.

(가) 통합사고지휘(Unified Incident Command)

복합적인 사고에 대한 대응에 있어서 여러 대응 기관이나 조직이 주요 관리 역할을 하게 될 때, 집단적 관리(collective management)와 대응업무의 조정은 통합사고지휘를 통하여 효과적으로 달성된다.

통합지휘(Unified Command)는 일반적 사고대응 목표나 목표에 의한 관리를 결정하는 데 있어 합동적인 의사결정과정을 거친다. 한 사고에 대해 명확하게 그려진 목표와 전략은 공식적으로 동의하고 문서화 된다.

이 문서는 카운티 사고행동계획(Incident Action Plan)의 기초가 된다. 통합지휘로 인해 관련 부서나 기관은 비교적 동등하게 참여하나, 재난유형별로 지정된 사고지휘 책임기관(lead agency)은 통합지휘팀 내에서 최종 중재인(the final arbiter)이 된다. 즉, 대표기관 책임자 중 한 명은 모든 문제에 있어서 결정적 발언권을 갖는다는 것이다. '책임기관'의 권한은 특정 사고 유형과 상황에 의해서 결정되며, 사고지휘절차의 시작단계에서 명확하게 정의된다.

이러한 일반적인 운영체계를 수행하기 위해서 통합지휘는 다음을 포함한다.

- 하나의 통합된 사고 조직(A single integrated incident organization)
- 공유하거나 함께 위치하는 지휘 시설(Shared or co-located command facilities)
- 단일 계획 절차와 사고 행동 계획(하나의 전략적 목적과 목표)
- 운영팀 리더십. 운영팀장으로 지명된 책임기관의 대표로 사고 통합지휘의 조직을 재구성한다. 물류, 계획, 재정 부문도 유사하게 구성된다.
- 자원주문과 관리에 대한 조정된 절차

▶ 표 4-3 ◀ 재난유형별 사고지휘 책임기관[3)]

재난유형 (Hazard Type)	사고지휘 책임기관명 (Lead Incident Command Agency(s))
비행기 사고(Aircraft Incident)	소방서 또는 경찰서 (Fire Department or Police Department)
건물붕괴(Building Collapse)	소방서
지진(Earthquakes)	소방서/긴급관리실 (Office of Emergency Management)
유행병, 질병, 보건위협 (Epidemics, Diseases, & Health Threats)	복지부(Department of Human Services)
폭발(Explosion)	소방서 또는 경찰서
화재(Fire)	소방서
홍수(Floods)	소방서/긴급관리실
식품오염(Food contamination)	복지부
위험물 사고(HAZMAT Incidents)	소방서
구치소(폭동, 인질)-Jail (Riot/hostage)	보안관실(Sheriff's Office)
핵 공격(Nuclear Attack)	소방서
방사능사고(Radiation Incident)	소방서
송유관 누유, 화재, 폭발 (Pipeline Spill, Fire or Explosion)	소방서
폭동, 시민소동, 대량체포 (Riots, Civil Disturbances, Mass Arrest)	경찰서
테러위기, 인질상황 (Terrorism Crisis and Hostage Situation)	경찰서
토네이도, 허리케인, 폭풍우	소방서/긴급관리실
열차탈선(Train Derailment)	소방서
물오염/인적 위협 (Water Contamination-human threat)	복지부
수질/량(Water Quality/Quantity)	환경부 또는 복지부
급수 분배 시스템 (Water Supply Distribution System)	환경부
폭설(Winter Storm)	환경부
자원고갈(Resource Shortage)	긴급관리실

3) 몇몇 재난은 세부 사고 상황에 따라서 복수의 사고지휘 책임기관이 존재할 수 있음.

통합사고지휘 안에 포함되는 대응조직은 다음과 같다.

- 소방서(Fire Department)
- 경찰서(Police Department)
- 재난관리실(Office of Emergency Management)
- 복지부(Department of Human Services)
- 환경부(Department of Environmental Services)
- 보안관(Office of the Sheriff)

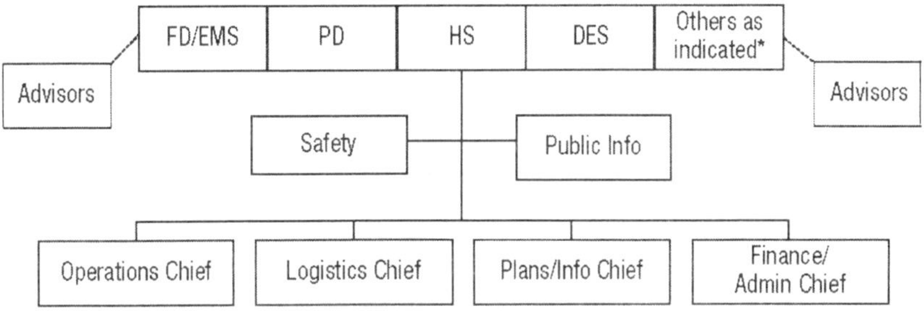

[그림 4-4] 통합사고지휘팀 구성도

(나) 사고 지휘권 이양(Transfer of Incident Authority)

대응과정에서 중점사항과 목표가 변경될 수 있듯이 사건요인이 변화될 수 있다. 중대한 변화로 인해 통합지휘의 책임기관의 주요 책임을 다른 기관으로 이양할 수 있다. 통합지휘팀 구성원은 사고계획절차를 활용하여 결정하고 책임기관의 이양상태를 문서화한다.

통합지휘팀의 각 분야가 참여할 필요성이 있는지는 계속 평가된다. 예를 들면, 공중보건은 각 사건의 관리에 계속 참여할 필요는 없을 것이나 직접적 책임과 연관된 이슈가 있는지는 살펴볼 필요가 있을 것이다.

(다) 사고지휘팀 스탭

○ 연락관(Liaison Officers (LNOs))

연락관은 지휘수준의 직위로서, 사고 지휘 및 운영과 직접적으로 연관되어 있는 카운티 인근 지역이나 연방정부 등 다른 대응 주체와의 연락서비스를 수립하고 유지한다. 그러나 이들은 카운티 사고지휘시스템 밖에서 활동한다.

사고지휘자 또는 통합사고지휘자는 재난유형과 참여기관에 따라 연락관으로 특정인을 결정해야 한다.

사고지휘팀 연락관에 의해서 얻은 정보는 문서화되어야 하며, 사고지휘팀 계획과정에서 고려할 수 있도록 하며, ESF에 제공할 수 있도록 하는 것은 중요하다.

○ 공보관(Public Information Officer (PIO))

이 직위는 대응과정 동안 공식 카운티 대변인으로서 임명된다. 사고 자체에 대해서 특정지어 발표하며, 카운티의 재난운영센터 공보관 또는 시장실 공보관의 책임을 침해하지 않는다.

공보관 임명은 사고 상황・환경에 따라서 사고별로 다양하다. 다른 카운티 대응기관으로부터 할당된 개인들은 필요시 공보관을 돕는다.

○ 안전관(Safety Officer)

안전관 기능은 사고대응의 모든 면에서 대응자의 안전을 감독하고 사고지휘팀의 책임 하에 지원한다.

현장 '작업장' 안전, 개인 보건 및 안전, 보안과 같은 다양한 안전을 다루어야 한다. 통합지휘에서 책임기관은 이 자리에 직원을 배치해야 하며, 보건 및 안전과 관련된 지휘과정(command process)에 높은 수준의 입력을 제공할 책임이 있다.

○ 자문(Advisors)

자문은 사고지휘팀이 다뤄야 하는 전략적인 결정을 위해 기술적 조언을 제공하는 자로서, 사고관리자 또는 사고지휘팀 구성원에 의해 지명된다.

자문은 개인이 되거나 소규모 그룹이 될 수 있으며, 어떤 경우는 이러한 목적을 위해 특별히 개발된 주체들이 된다.

○ 운영팀장(Operations Section Chief)

운영은 지휘자가 정한 전략적 목적과 목표를 직접적으로 성취하기 위한 책임의 모든 기능을 포괄한다. 운영팀장은 운영팀을 조직하고 발전시키며, 운영팀의 특정한 전술을 실행하는 책임이 있다.

지원기능은 물류, 계획, 재정・행정 등으로 사고 전반의 지휘와 운영의 능력을 유지하는 사고지휘시스템 내부에 자산과 서비스를 제공한다.

○ 물류팀장(Logistics Section Chief)

운영시설의 기능을 유지하는 기술적 활동과 장비와 보급품, 수송, 인력관리, 자원봉사자처리를 통하여 보급을 지원하는 활동 등을 관리한다. 물류조달자산(logistics assets)은 개인의 사고대응 자산과 기능이 내부 보유자원을 통해 보급요구를 충족하지 못할 때 활용된다.

○ 기획팀장(Planning Section Chief)

사고대응 정보의 처리와 사고대응을 위한 계획을 발전시키는 것에 있어서 지휘와 운영을 지원하는 모든 활동을 관리한다.

여기에는 사고지휘팀을 위한 시간과 안건준비, 회의 기획, 운영브리핑 준비 등이 포함된다. 계획팀장은 회의의 사회자가 된다.

○ 재정팀장(Finance/Administration Section Chief)

사고 관련행정 이슈(incident administrative issues)와 사고 비용 추

적 및 처리(racking and processing of incident expenses)에 관한 지휘 및 운영을 지원하는 모든 활동을 포괄한다.

재정팀은 사후집행보고서, 임금지급과 보상문서 작업을 위한 핵심문서를 제공하는 책임을 갖는다.

운영팀, 물류팀, 기획팀, 재정팀의 장들은 사전에 지정되어 훈련받은 사람들로 구성된다.

사고행동계획은 전형적으로 아래와 같은 많은 구성요소를 포함한다.

표 4-4 사고행동계획의 구성요소

일반 항목	준비담당
1. 사고 목표(Incident Objectives)	Incident Commander
2. 조직 목록/도표(Organization List/Chart)	Resources Unit
3. 할당 목록(Assignment List)	Resources Unit
4. 통신 계획(Communications Plan)	Communications Unit
5. 보급 계획(Logistics Plan)	Logistics Unit
6. 대응자 의료계획(Responder Medical Plan)	Medical Unit
7. 사고 지도(Incident Map)	Situation Unit
8. 보건 / 안전 계획(Health and Safety Plan)	Safety Officer
추가 항목(시나리오에 따라)	**준비담당**
1. 항공 운영 요약(Air Operations Summary)	Air Operations
2. 사고지역 교통 계획(Incident Site Traffic Plan)	Ground Support Unit
3. 소독 계획(Decontamination Plan)	Technical Specialist
4. 쓰레기 관리/처리 계획(Waste Management or Disposal Plan)	Technical Specialist
5. 동원해제 계획(Demobilization Plan)	Demobilization Unit
6. 운영 의료 계획(Operational Medical Plan)	Technical Specialist
7. 대피계획(Evacuation Plan)	Technical Specialist
8. 현장 안전 계획(Site Security Plan)	Technical Specialist
9. 검사계획(Investigative Plan)	Law Enforcement Specialist
10. 증거 복구 계획(Evidence Recovery Plan)	Law Enforcement Specialist
11. 기타(Others)	As Indicated

5. 주정부의 재난관리조직

일반 재난·재해가 발생하면 해당 지역의 시·군 지방정부는 자체 인력과 장비를 동원하여 구난활동을 하며 피해상황 등을 주정부의 비상사무국(OES: Office of Emergency Service: 주에 따라 명칭은 조금씩 다름)에 통보한다.

[그림 4-5]는 주 재난관리의 집행기능을 수행하는 비상사무국(Office of Emergency Service)의 조직도이다.

이들은 주정부 차원의 대응지원활동을 총괄·조정하며, 시·군 지방정부간의 상호 지원사항을 관리하고, 재난·재해에 대한 대응활동을 행정적·관리적 차원에서 통합·조정하는 업무를 수행한다.

따라서 주정부는 시·군 정부로부터 보고받은 재난·재해에 대한 평가를 실시하고 그 결과에 따라 주 비상사무국에 지원을 공식적으로 요

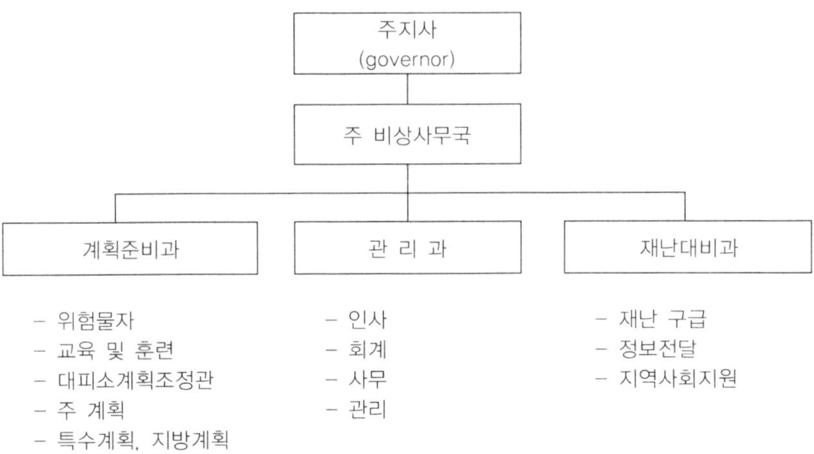

자료: 김광수(2001: 312).

[그림 4-5] 주정부의 재난관리조직

청한다. 이 지원요청에 의하여 주 정부는 공식적으로 재난 대응활동에 참여하게 된다. 재난의 심각성을 고려하여 비상사무국의 국장은 주지사에게 '재난상황(A State of Emergency)'의 선포를 요청하기도 한다.

또한, 주 재난운영센터(State EOC : State Emergency Operation Center)는 지방정부의 대응활동을 직접적으로 지원하며, 지역간의 상호지원체제를 구축하는 기능을 수행한다. 연방재난관리청은 미국 전역을 10개의 광역 구역(section)으로 구분하고 각 구역에 지역사무소(Regional Office)를 설치하여 운영함으로써 지역의 요구를 수렴하고 지역의 특성에 따라 차별화된 재난관련 활동을 수행하고 있다.

6. 연방정부의 재난관리조직

미국은 9·11테러 이후, 부시 미국 대통령이 상원에 제출한 '국토안보부 법안'에 의해 2003년 정식 출범한 국토안보부(DHS: Department of Homeland Security)를 중심으로 테러방지 및 자연재해, 재해 등을 총집결시킨 총체적 재해·재난 관리체계를 구축하고 있다.

국토안보부는 기존의 대통령 자문기구 성격의 '국토안보국'을 격상시킨 것으로, 국토안보부의 편입되는 기구들에는 세관, 이민국, 해양수비대, 교통보안국, 연방재난관리청(FEMA) 등 22개 기관이 포함되어 있다. 단, 연방수사국(FBI)과 중앙정보국(CIA)는 DHS와는 독립적으로 운영된다.

한편, 미국의 자연재해와 관련하여 중요한 역할을 수행하는 FEMA의 경우, 현재 국토안보부 산하기관으로 되어 있으나, 이전부터 수행하던 통합 재난관리기능을 계속 유지하고 있다.

FEMA의 임무 및 기능은 행정의 연속성을 확보하기 위한 계획과 국가적 위기가 발생하였을 때의 자원 동원을 총괄하고 광범위한 재해계획, 재해대비, 피해경감, 복구활동시 주정부와 지방정부를 지원한다.

미국은 FEMA의 임무와 조직에서 나타나듯이 효율적인 재해관리를 위해 FEMA의 역할 중 조정기능에 상당한 무게를 두고 있다. 여기서 '조정'이라 함은 연방정부차원의 기관 뿐만 아니라 지방정부를 모두 포함하는 것으로, 재해로부터 국민의 생명과 재산을 보호하기 위해 주정부와 지방정부를 지원하는 것과는 별도로 FEMA의 주요 역할은 연방정부기관의 재해대응정책과 자원을 지휘 혹은 조정하는 역할을 담당하는 것이다. 미국은 FEMA를 중심으로 연방대응계획(Federal Response Plan)을 수립하고, 이 계획에 의거하여 여러 가지 재해재난의 유형 및 규모에 치밀한 대응을 하고 있다.

1) 미국 국토안보부(DHS: Department of Homeland Security)

미국은 9·11 테러를 계기로 2002년 기존 22개 정부조직을 통합하여 국토안보부(DHS)를 신설하고 국가의 재난관리 및 국토안보 업무를 총괄하고 있다. 국토안보부의 장은 대통령이 임명하고 상원이 인준하는데, 국토안보부 장관은 국방장관이나 법무장관과 같은 지위로, 미국 내 재난안보와 관련한 모든 정보에 접근권한을 가지고 있으며, 여기에는 사직당국과 정보기관, 기타 정부기관의 자료는 물론 미국의 인프라 및 기타 취약대상과 관련한 정보도 포함된다.

국토안보부는 직원 18만명 이상, 연간 예산 400억 달러로, 국경경비, 재난 및 화생방 공격 대비 활동, 과학기술 확보, 정보분석, 이민관리, 사이버 보안 등의 활동을 수행한다.

국토안보부는 국가안전을 위한 활동의 통합을 주도하고, 테러 및 위협, 재해에 대해 예방·저지·대응하기 위해, 전략적 목표를 경계(awaredness), 예방(prevention), 보호(protection), 대응(response), 복구(recovery), 서비스 조직역량 강화 등로 설정하고 있다.

이 같은 임무수행을 위해 국토안보부는 정보분석, 인프라 보호, 화학·생물·방사능·핵 등 대응조치, 국경 및 수송부문 보안, 비상시 대처 및 대응조치, 연방·주·지방정부 부서 및 민간 부문과의 공조 등 5가지 기능을 수행하고 있다.

2) 미국의 연방재난관리청(FEMA: Federal Emergency Management)

FEMA는 1961년 국방성 산하기관인 민방위청으로 설치된 후 정부개편계획의 일환으로 1978년 재조직계획 제3호(Re-organization Plan No.3 of 1978)와 1979년 4월 1일의 행정명령 제12127호, 1979년 7월 15일의 행정명령 제12148호에 의해 자연재해 및 인위적 재난을 포함한 비상사태시 인명과 재산피해를 최소화하기 위하여 1979년에 대통령 직속으로 연방 차원의 재난·재해관리 전담총괄기관으로 워싱톤 D.C.에 설립되었으며, 9·11테러 이후 국토안보부에 흡수되었다.

미국은 FEMA를 중심으로 자연재해 분야의 국가위기관리시스템을 구축하고 국가(연방 및 지방정부)의 재해대응정책과 자원을 지휘·조정하고 있다.

FEMA의 정식직원은 2,600명에 지나지 않은 작은 조직이나 재해발생시 정식직원의 몇 배에 해당하는 수천 명을 추가로 동원할 수 있는 능력을 보유하고 있다. 또한 주정부 및 지방정부와 긴밀히 협력하고 있으며, 대통령 직속기관으로서 청장은 국무회의에 참석하는 국무위원급이다.

FEMA의 주요 임무[4]는 재난·재해 및 기타 비상사태의 피해경감, 대비, 대응 및 복구 등에 관한 위험기반(risk-based) 비상관리프로그램을 통하여 국민의 생명과 재산 손실을 줄이고 주요 기간시설을 보호하

---

4) 국립방재연구소, 「방재연구」 제2권 제3호(통권7호), 2000. 9, pp. 60~61.

는 연방 차원의 활동을 체계적이며 종합적으로 수행하게 된다. 이를 위하여 산하에 교통, 통신, 공무 및 토목공사, 소방, 정보 및 계획, 대중구호, 자원조달, 보건 및 의료서비스, 도시탐색 및 구조, 위험물질, 식량, 에너지 등 12개의 분야별 긴급지원기능(ESF: Emergency Support Functions)을 편성하여 재난관리를 전담하게 하고 있다. [그림 4-6]은 연방재난관리청(FEMA)의 조직도이다.

FEMA는 모든 재해접근법(All-Hazard approach)을 활용하여 핵심업무를 재해경감, 대비, 대응, 복구 등 4단계로 구성하고 모든 재해에 공통적으로 적용하고 있다. 재난경감은 모든 재난을 발견하는 과학, 재난

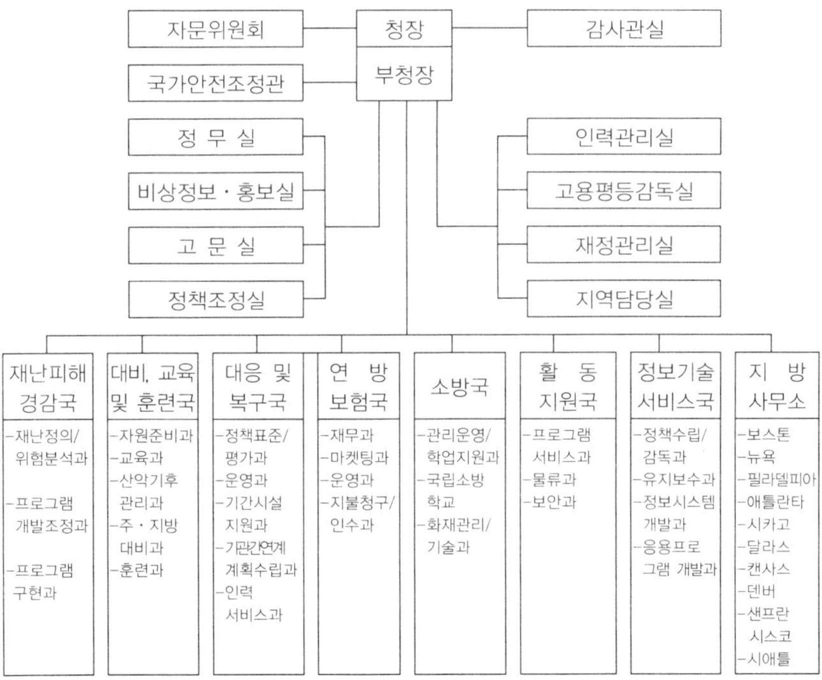

[그림 4-6] 연방재난관리청(FEMA)의 조직[5)]

5) 한국지방행정연구원, 「미연방정부의 재난대응계획」, 1996, p. 5.

분석 및 위기평가, 응용에 이르는 기술개발, 재해경감 측정 및 예측기법 개선 등을 포괄하는 것이다.

[그림 4-7]에서와 같은 미국의 재난대응 및 관리 프로세스에서 특정 지역에서 재난발생시 1차 대응인력의 현장 도착을 통한 대응활동이 가장 우선시된다. FEMA 지역응급대응팀(Community Emergency Response Team, CERT)이라는 교육 프로그램을 운영하고 있고 지역에서 자원하는 주민들을 대상으로 재난대처 교육 및 실습을 시행하고 있다.

지방정부의 장은 자체의 재난대응조직을 운영하면서 주 정부에 도움을 요청하고, 지방정부 및 주 정부의 대처가 어려운 대형재난의 경우에는 주지사는 연방정부에 지원을 요청하게 된다.

연방정부는 해당 지역의 DHS 지역담당사무소를 통해 1차적인 피해조사를 실시하고, DHS 장관은 결과를 검토하여 대통령에게 건의하여 최종적으로 대통령이 재난 지역 선포를 하게 된다. 재난 지역으로 선포되면 연방대응계획에 의거하여 다양한 조치들이 수행된다.

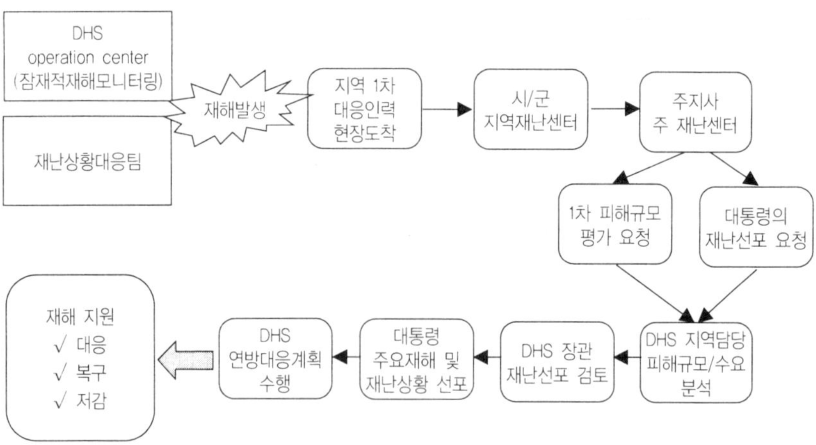

[그림 4-7] 미국의 재난관리 프로세스

이상에서 살펴본 것과 같이, 미국에서는 재난이 발생하게 되면 일차적 대응은 시·군 지방정부의 책임이지만 시·군 지방정부가 담당하기가 곤란한 경우에는 주정부에 지원을 요청하고 주지사는 비상사태를 선포하여 주방위군과 경찰 등 필요인력을 동원하여 재난에 대처하지만, 주정부로서도 담당하기 어려울 경우에는 연방정부에 지원을 요청하게 된다. 재난 내용을 통보받은 연방재난관리청은 지역본부의 보고를 토대로 지방정부의 재정능력이나 인적자원 등을 감안하여 백악관에 재난지원방식을 건의한다. '재해구조 및 재난지원법'은 대통령이 비상사태(Emergency)6)와 주요 재난(Major Disaster)7)의 두 가지 비상선언을 할 수 있도록 규정하고 있다.8) 비상사태는 연방차원의 즉각적이고 단기적인 대응이 필요할 때 선포하게 된다. 주요 재난이 선포되면 26개 연방기구 및 민간단체의 기술과 인력도 연방재난관리청의 통제를 받아 현장에 투입하게 된다.

6) 비상사태란 대통령이 판단하기를 미국 내에서 인명을 구하고, 재산과 공공보건 및 안전을 보장하거나 대재앙의 위험을 줄이거나 완화하기 위한 주 및 지방정부의 노력 및 능력을 지원하기 위한 연방원조가 필요한 모든 경우를 의미한다.

7) 주요 재난은 대통령이 판단하기를 그로 인해 발생한 피해, 손실, 고난이나 고초를 줄이기 위하여 주 및 지방정부, 재난구호 조직에서 주요 재난을 지원해야 할 정도로 규모가 큰 피해를 동반하는 자연재난(모든 허리케인, 토네이도, 폭풍, 바람으로 인한 범람위기, 조수에 의한 파도, 지진해일, 지진, 화산폭발, 산사태, 니(泥)사태, 눈보라 또는 가뭄을 포함) 발생원인과 관계없이 미국 내에서 일어나는 모든 화재, 홍수를 의미한다.

8) 박종화 외, 「도시행정론」 (서울: 대영문화사), 1999, p. 506.

제2절 일본의 지역재난 대응체계

1. 재난관리 체계

재해대책은 국가, 지방공공단체, 공공기관, 주민 등의 협력 하에 종합적·통일적으로 실시될 필요가 있으며, 이를 위해 2001년 1월의 중앙성청 재편에 의해 방재 분야가 내각의 중요 정책으로 책정됨에 따라 새로이 설치된 내각부에 방재 부문이 두어져서 행정 각부의 시책의 통일을 도모하기 위한 기획, 입안 및 종합 조정을 행하기로 되었다. 구체적으로는 사고재해를 포함한 다양한 재해대책에 대해서 신속하고 효율적인 대응이 가능하도록 관계 성청을 종합적으로 조정하도록 되어 있다.

우선 국가에 있어서는 전 각료 및 일본은행, 일본적십자 등의 공공기관의 대표자 등으로 구성되는 중앙방재회의가 설치되고 방재에 관하여 정부 전체 시책의 통일을 도모하기 위한 기본방침의 입안이나 종합조정 등을 위한 조사심의 및 방재기본계획의 추진 등을 행하고 있다.

도도부현, 시정촌에 있어서는 지방공공단체, 지정지방행정기관, 경찰·소방기관, 지정공공기관 등의 장 또는 그 지명하는 직원으로 구성되는 도도부현 방재회의, 시정촌 방재회의가 설치되고, 이것이 정하는 지역방재계획 등에 기초하여 각종의 재해대책이 실시되고 있다.

또한 재해대책기본법에 있어서는 독립행정법인, 인가법인, 특수법인 및 민간회사 중에서 내각총리대신이 지정하는 것을 지정공공기관으로 하여 재해대책에 관련된 각종의 책무를 부과하고 있다. 2003년 7월 현재로 61개의 기관이 지정공공기관으로 지정되어 있다.

재해가 발생했을 때의 응급대응 조직에 대해서는 「재해대책기본법」

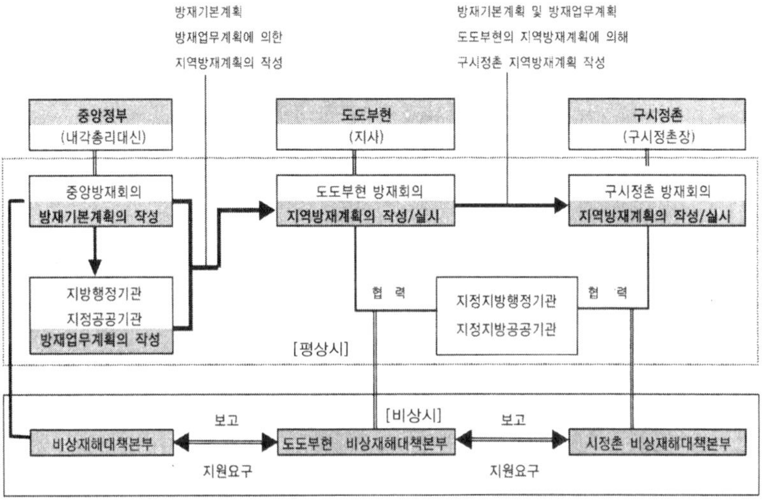

[그림 4-8] 일본의 방재운영 체계

에 기초하여 시정촌 또는 도도부현에 있어서 각각의 시장·촌장 또는 도도부현 지사를 본부장으로 하는 재해대책본부를, 국가에 있어서는 방재담당대신을 본부장으로 하는 비상재해대책본부, 또는 내각총리대신을 본부장으로 하는 긴급재해대책본부를 설치하는 것이 가능하며, 재해응급대책의 신속 또한 정확한 추진을 도모하도록 되어 있다.

또한 과학기술청 산하에 방재과학기술연구소와 건설성 산하 토목연구소에서 재해·재난 대책에 관한 학문적·제도적 연구를 수행하고 있고 대학부설의 방재연구소에서도 활발한 연구활동을 하고 있다.

가. 중앙정부의 조직과 기능

(1) 중앙정부의 조직

상설된 방재관련 정부조직은 내각부 방재담당 정책총괄관 및 중앙방재회의가 있고, 방재기본계획을 추진하는 실시기관이며 정부의 방재조

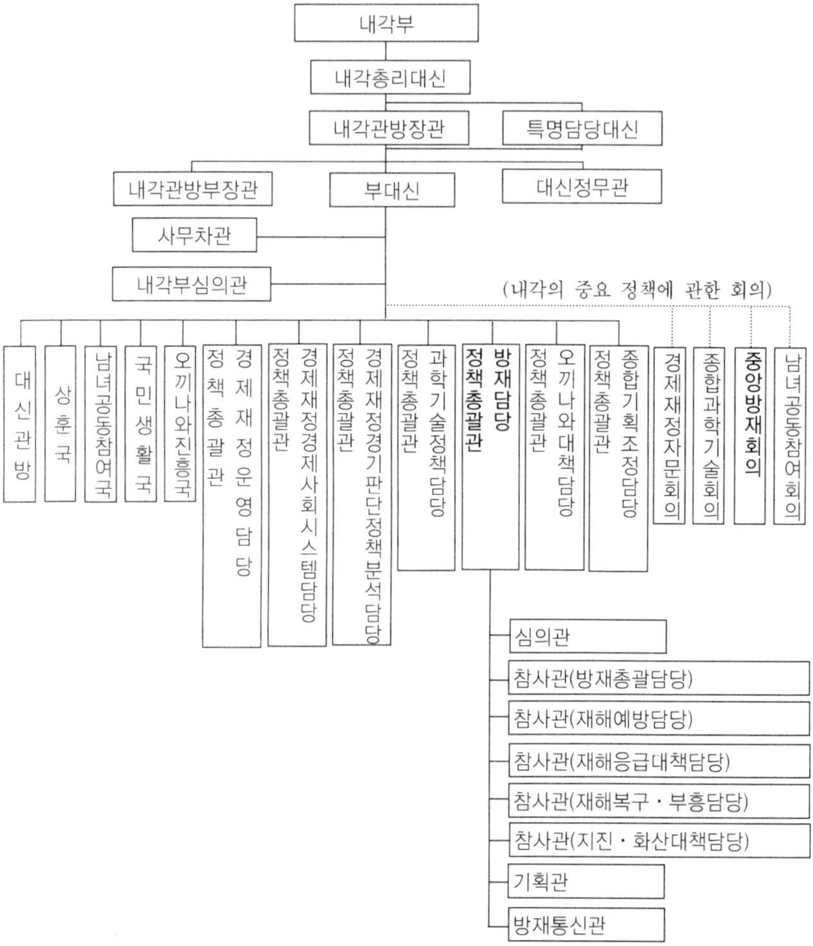

자료: 재해대책제도연구회, 「일본의 방재행정」, ぎょうせい, 2003, p. 52.

[그림 4-9] 일본의 재해관련 중앙정부조직도

직 외에 지정행정기관 및 지정공공기관을 두고 있다.

내각부, 국가공안위원회, 경찰청, 소방청, 금융청, 총무성, 경찰청, 법무성, 외무성, 문부과학성, 문화청, 후생노동성, 원자력안전・보안원, 중소기업청, 국토교통성, 국토지리원, 기상청, 해상보안청, 환경성 등이 지

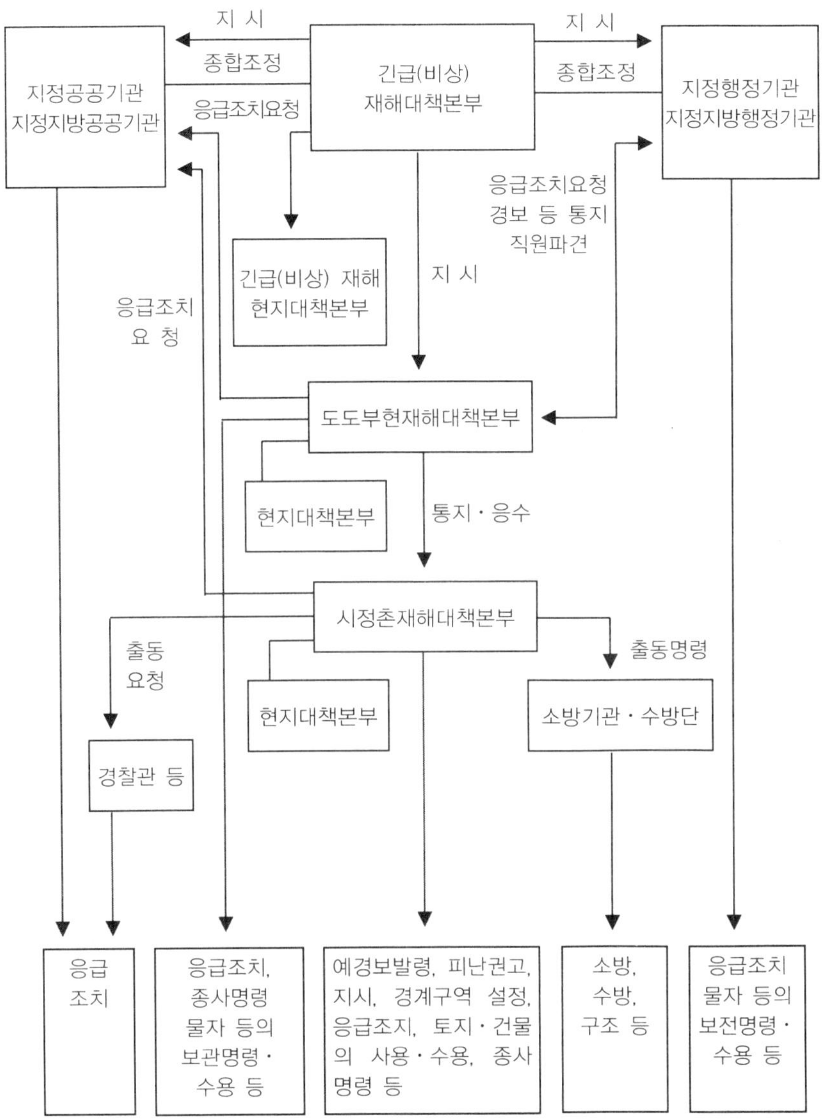

※ 지정행정기구에 대한 지시는 긴급재해대책본부의 경우로 한한다.

[그림 4-10] 일본의 재해대책 기구

정행정기관으로 되어 있다.

또한, 각 성·청 등 관련부처(지정행정기관), 일본전기전화주식회사, 전력회사 등 관련 산하기관(지정공공기관)들이 담당업무와 관련한 방재업무계획을 수립하여 실시하고 있다.

중앙정부의 기능으로는 재해대책기본법 등 재해관련 법률에 의해 방재대책을 수립하고 있으며, 재해예방활동 및 재해복구대책에 대해 직접적으로 지원 및 보조를 수행하고 있다.

또한 중앙방재회의를 설치하여 방재기본계획을 수립하고 각 성·청 등 관련부처(지정행정기관), 일본전기전화주식회사, 전력회사 등 관련 산하기관(지정공공기관)들이 담당업무와 관련한 방재업무계획을 수립하여 구체적인 대책을 실시하고 있다.

(2) 중앙정부의 기능

중앙정부는 재해대책기본법 등 재해관련 법률에 의해 적절한 방재대책을 수립하고 있으며 재해예방활동 및 재해복구대책에 대해 직접적으로 지원 및 보조를 수행하고 있다.

▶ 표 4-5 ◀ 주요 방재계획과 작성 주체

근거 법률	계획	주요내용	작성 주체
재해대책 기본법	방재기본계획	• 방재체제의 확립, 방재사업의 촉진, 재해부흥의 신속·적절화, 방재에 관한 과학기술의 연구추진 및 방재업무계획, 지역방재계획에 있어서 중점사항에 관한 기본적 방침	중앙방재회의
	방재업무계획	• 지정행정기관 소관사업에 관해 방재에서 다루어야 할 조치 및 지역방재계획 작성기준이 되어야 할 사항	지정행정기관의 장
		• 지정공공기관의 업무에 관한 사항	지정공공기관

재해대책 기본법	도도부현 지역방재계획	• 당해지역 방재기관이 방재에 관하여 처리하여야 할 사무 또는 업무	도도부현 방재회의
	시정촌 지역방재계획	• 당해지역 방재시설, 재해예방, 정보수집·전달, 예·경보, 재해응급, 복구대책에 관한 계획 및 이 조치에 필요한 노무, 시설, 설비, 물자, 자금 등의 정비, 비축, 조달, 배분, 수송, 통신 등에 관한 계획	시정촌방재회의 또는 시정촌장
대규모 지진대책 특별조치법	지진방재 기본계획	• 경계경보가 발해진 경우에 국가의 지진방재에 관한 기본적 방침 • 지진방재강화계획, 지진방재응급계획에 기본이 되어야 할 사항 • 종합적 방재훈련에 관한 사항	중앙방재회의
	지진방재 강화계획	• 경계경보가 발해진 경우 실시하는 지진방재응급 대책과 관련된 조치에 관한 사항 • 피난지, 피난로, 소방용시설 등 지진방재상 긴급한 정비가 필요한 시설 등의 정비에 관한 사항 • 방재훈련 및 지진방재상 필요한 교육 및 홍보에 관한 사항	지정행정기관의 장 지정공공기관 도도부현방재회의 시정촌방재회의 또는 시정촌장 석유콤비나트등 방재본부 석유콤비나트등 방재본부협의회
	지진방재 응급계획	• 경계경보가 발해진 경우 실시하는 지진방재 응급 대책과 관련된 조치에 관한 사항 • 방재훈련 및 지진방재상 필요한 교육 및 홍보에 관한 사항	병원, 극장, 백화점 등의 시설, 석유류, 화약류 등을 취급하는 시설 등의 관리·운영자
석유 콤비나트 등 재해방지법	석유콤비나트 등 방재계획	• 석유콤비나트 등 특별방재구역에 대해 취하여야 할 방재체제 및 조직, 재해예방대책, 재해응급대책 등	석유콤비나트등 방재본부 석유콤비나트등 방재본부협의회

(3) 중앙방재회의

종합적인 방재행정을 위해 재해대책을 조정, 결정하는 기관으로써 중앙방재회의가 있고, 재해발생시 대응하기 위한 각급 재해대책본부가 있다.

중앙방재회의는 국가방재대책의 종합성, 계획성을 확보하기 위해 설치된 행정조직으로 방재기본계획의 작성과 실시 및 방재 기본방침, 방재시책 조정, 비상재해에 즈음한 조치 등에 관하여 내각총리대신을 자문하는 내각부의 부속기관이다. 그러나 단순한 자문기관이 아니고, 방재기본계획을 작성하여 추진하는 실시기관의 성격을 갖는다. 주요 업무로는 방재기본계획의 작성과 실시, 비상재해에 대한 긴급조치계획의 작성 및 실시, 내각총리의 자문에 따른 방재에 관한 중요 사항의 심의 등이 있다.

중앙방재회의의 기구는 [그림 4-11]과 같다.

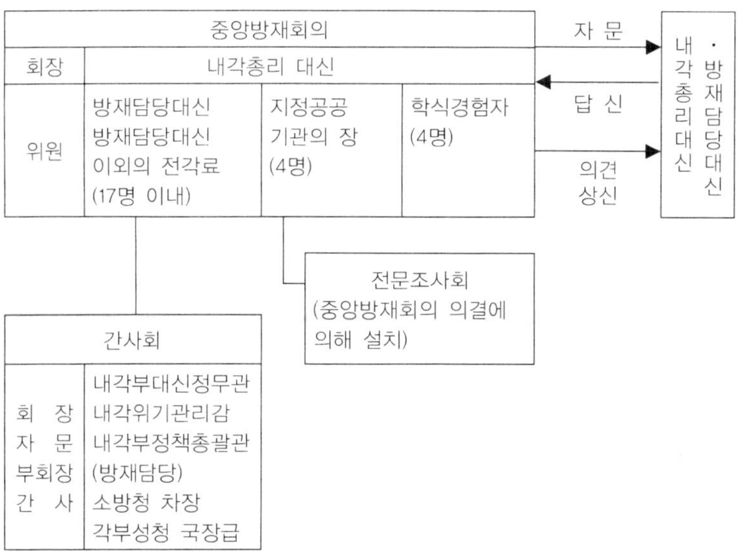

자료: 재해대책제도연구회, 「일본의 재해대책」, ぎょうせい, 2002, p. 50.

[그림 4-11] 중앙방재회의의 기구

【중앙방재회의의 역할】
- ○ 방재기본계획, 지진방재계획의 작성 및 추진
- ○ 비상재해시에 응급배치에 관한 계획의 작성과 추진
- ○ 내각총리대신, 방재담당대신의 자문에 응하여 방재에 관한 중요 사항의 심의 (방재의 기본방침, 방재에 관한 시책의 종합 조정, 재해응급사태의 포고 등)
- ○ 방재에 관한 중요 사항에 관해 내각총리대신, 방재담당대신에게 의견 상신

(4) 지정행정기관 및 지정공공기관

지정행정기관은 방재와 관련하여 내각총리가 지정한 23개 국가기관(내각부, 경찰청, 국토교통성, 소방청, 기상청 등)이다. 이 밖에 지정행정기관의 지방지부국이나 기타 국가·지방행정기관 중 내각총리가 지정한 지정지방행정기관이 있다. 이들 기관은 방재업무계획을 작성하고 국가방재에 맞추어 만반의 조치를 강구할 수 있도록 상호 협조한다.

지정공공기관은 방재와 관련된 공공기관으로 일본전신전화(주), 일본은행, 일본적십자사, 일본방송협회 등 공공적 기관이나 전기, 가스, 수송, 통신 등 공익적 사업을 영위하는 법인 중 내각총리가 지정한 61개 기관으로 업무와 관련된 방재계획을 작성, 실시함과 동시에 도도부현, 시정촌과의 협력을 통하여 방재활동을 기여하게 되어 있다.

▶ 표 4-6 ◀ 일본의 방재 지정행정기관 및 지정공공기관

구 분	기 관
지정행정기관 (23개 기관)	· 내각부, 국가공안위원회, 경찰청, 방위청, 금융청, 총무성, 소방청, 법무성, 외무성, 재무성, 문부과학성, 문화청, 후생노동성, 농림수산성, 경제산업성, 자원에너지청, 원자력안전보안원, 중소기업청, 국토교통성, 국토지리원, 기상청, 보안해상청, 환경성
지정지방행정기관 (22개기관)	· 오키나와종합사무국, 관할구역경찰국, 방위시설국, 종합통신국, 오키나와종합통신사무소, 재무국, 미토원자력사무소, 지방후생국, 도도부현노동국, 지방농정국, 식량사무소, 삼림관리국, 경제산업국, 광산보안감독부, 나하광산보안감독사무소, 지방정비국, 홋카이도개발국, 지방운수국, 지방항공국, 관구 기상대, 오키나

구 분	기 관
	와기상대, 관할구역 해상보안본부, 북해도 농정사무소
지정공공기관 (61개 기관)	· 소방연구소, 방재과학기술연구소, 방사선의학종합연구소, 농업과학연구소, 수산종합연구센터, 토목연구소, 건축연구소, 해상기술안전연구소, 항만공항기술연구소, 북해도개발토목연구소, 일본우정공사, 일본은행, 일본적십자사, 일본방송협회, 일본도로공단, 수도고속도로공단, 수자원개발공단, 한신고속도로공단, 신도쿄국제공항공단, 관서국제공항주식회사, 본주사국연락교공단, 핵연료 사이클개발기구, 일본원자력연구소, 전원개발(주), 북해도여객철도(주), 동일본여객철도(주), 동해여객철도(주), 서일본여객철도(주), 사국여객철도(주), 구주여객철도(주), 일본화물철도(주), 일본전신전화(주), 동일본전신전화(주), 서일본전신전화(주), 동경가스(주), 대판가스(주), 동방가스(주), 일본통운(주), 북해도전력(주), 동배전력(주), 동경전력(주), 북륙전력(주), 중부전력(주), 관서전력(주), 중국전력(주), 사국전력(주), 구주전력(주), 오키나와전력(주), 일본원자력발전(주), KDDI(주), (주)NTT도코모, (주)NTT도코모북해도, (주)NTT도코모동북, (주)NTT도코모북륙, (주)NTT도코모동해, (주)NTT도코모관서, (주)NTT도코모 중국, (주)NTT도코모사국, (주)NTT도코모구주, NTT Communications 주식회사

자료: 재해대책제도연구회, 「일본의 방재행정」, ぎょうせい, 2003, p. 52.

(5) 총무성 소방청

소방청은 1960년 7월 1일 자치성 설치법의 일부를 개정하는 법률에 의해 기존의 국가소방본부가 확대되어 자치청의 외국으로써 설치되었다. 2001년 1월 6일 총무성 설치법에 의해 총무성 외국의 내부부국으로서 현재 총무과, 소방과, 예방과, 방재과 및 구조구급과의 5개과에 방화안전실, 위험물보안실, 방재정보실, 진재대책실, 특수재해실의 5개실과로 구성되었다.

2007년 4월 현재 일본소방청의 기구는 본청·소방연구소·소방대학교 등으로 조직되어 있고, 본청의 내부 조직은 총무과, 소방구급과, 예방과, 방재과 및 위험물보관실, 방재정보실 등 4과 8실로 구성되어 있으며, 방재과에는 광역응급대책관을 두고 있다.

[소방청 직원현황]

본 청	123명
소방대학교	37명
소방연구센타	26명
계	160명

(2007. 4. 1. 현재)

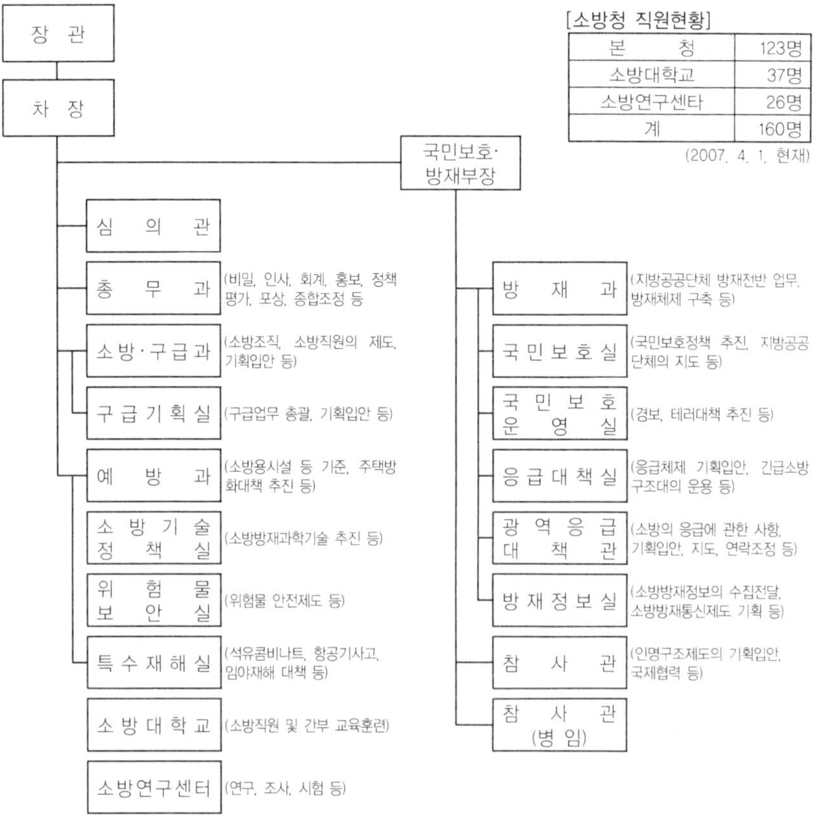

[그림 4-12] 일본 소방청 기구도

소방청의 임무는 화재, 지진, 풍수해 등의 재해를 미연에 방지하고, 이러한 재해에 의한 피해를 최소화하여 국민의 생명과 재산을 지키는 것으로 하고 있다.

소방대학교는 국가나 행정구역(도도부현)의 소방사무에 종사하는 직원이나 시읍면의 소방직원, 소방단원에 대하여 간부로서 필요한 고도의 교육훈련을 실시하며, 행정구역 등의 소방학교에 대하여 교육훈련에 관한 기술적 지원을 하는 국가의 유일한 교육훈련기관이다.

소방대학교는 종합교육부(본과, 간부연수과, 상급간부과, 소방단장과), 전문학과 과정교육부(경방과, 예방과, 구급과, 구조과, 화재조사과)의 2부 9과로 연간 약 800명의 학생에 대한 교육훈련을 실시하고 있으며, 위기관리관련 세미나(소방교육훈련연구회, 방사성물질재해강습회, 항공소방방재강습회, 긴급소방원조강습회 등) 등을 개최하여 재난관리 연구개발 및 확산에 힘쓰고 있다.

2) 지방정부의 조직

지방정부의 재해대책은 일차적으로 시정촌을 중심으로 이루어지며 각 도도부현에서 중앙정부의 정책을 반영하여 [그림 4-13]과 같이 총괄관리하고 있다.

평소에는 방재계획 및 행정, 시정촌의 방재행정 전반 지도·조언 등의 업무를 수행하고 재해발생시 소방무선시설을 이용하여 응급대책, 복구대책업무를 수행하고 있다. 도도부현 구역 내의 방재사무에 관하여 도도부현의 기관, 중앙정부의 지방지분부국, 지정공공기관과 같은 관계기관들간의 연락조정을 수행하고, 종합적이고 계획적인 방재행정을 위해 도도부현 방재회의 및 시정촌 방재회의를 설치하고 있다.

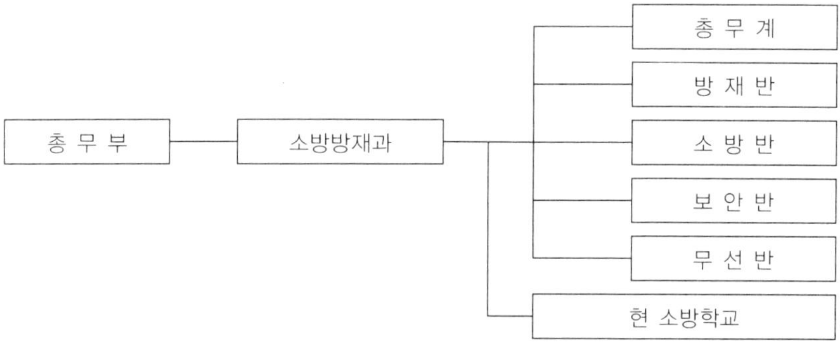

[그림 4-13] 일본 지방정부의 방재담당 조직

(1) 지방방재회의

도도부현 방재회의는 지역방재계획의 작성과 실시, 재난에 관한 정보의 수집, 재난발생시 관계기관의 연락조정 등의 업무를 담당하고 있으며, 재해예방, 재해응급대책 및 재해복구의 각 단계에 유효하게 대처하기 위하여 방재계획의 수립과 원활한 실시를 추진한다. 또한, 시정촌 방재회의는 시정촌 방재계획의 작성과 실시를 담당하며, 시정촌은 공동으로 시정촌 방재회의를 설치할 수 있으며 조직이나 소관업무는 도도부현 방재회의와 유사하다.

(2) 동경도 방재회의 조직 및 방재센터의 기능

(가) 동경도 방재회의 조직 및 담당업무

동경도 방재회의 조직 및 담당업무는 [그림 4-14]와 같다.

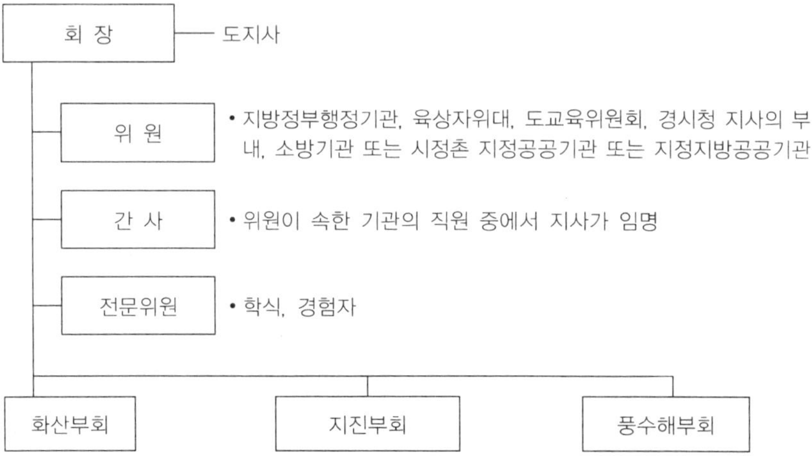

[그림 4-14] 동경도 방재회의의 조직 및 담당업무

(나) 동경도 방재센터의 기능

동경도 방재센터는 관동대지진 등을 위시하여 태풍, 폭우, 홍수, 화산의 분화 등 예전부터 많은 재해를 당해 온 지역으로 재해에 강한 도시의 실현을 위하여 피난소 정비, 식료, 음료수 등의 비축, 소방, 구호체계의 정비, 각종 시설의 내진화, 불연화되는 대책을 강구하였으나 그래도 언제 일어날지 모르는 재해에 대비하여 동경도 제1청사 사옥 8층의 일부와 9층에 위치한 전용시설로써 지진, 풍수해 등으로부터 시민의 생명과 재산을 보호하고 도시기능을 유지하기 위하여 1991년 4월에 동경도를 중심으로 한 방재기관간의 정보교환, 소방활동, 구급·구조, 의료보호, 생활필수품의 확보 및 공급, 응급 주택대책, 자료 분석 등을 통해 재난대책을 협의·결정·지시하기 위해 설치하였으며, 센터의 운영은 총무국 종합방재부에서 담당하고 있다.

방재센터는 재해대책본부를 중심으로 각 방재기관과의 유기적인 협력체계가 정보시스템 차원에서 구축되어 있어, 상황파악 및 복구 지원에 필요한 각종 정보의 입수가 유무선 통신망을 통해 원활하게 이루어지고 있다.

재난발생시에는 방재센터에는 동경지사를 본부장으로 하는 「동경도 재해대책본부」가 설치되어 도청 간부, 자위대, 경찰, 소방 등 각 방재기관의 책임자가 참석해 재해응급대책의 실시에 필요한 심의, 결정, 지시를 실시하는 등 방재활동의 중추기능을 담당하고 있다.

동경도는 지진 등의 대규모 재해가 발생하거나 발생할 우려가 있을 경우에는 지사를 본부장이라고 하는 재해대책본부(설치 후에 반드시 총무성 소방청장관에게 통지하도록 되어 있다)를 동경도(東京道) 방재센터(center) 내에 설치하며, 각 방재기관 책임자들을 재해대책본부에 소집하여 신속한 응급대책을 실시하기 위해 심의·결정·지시를 한다.

동경도 방재센터는 총무국 지령정보부 지령과(총무국 재해대책부)에

표 4-7 일본 동경도 재해관련 단계별 대응태세

종류	발령시기	태 세	준비인원
제1호 비상준비태세	1. 재해의 발생 기타의 상황에 본부장이 필요로 인정했을 때	재해의 발생을 방어하기 위한 조치를 강화하고, 구조 기타 재해의 확대를 방지하기 위한 조치에 필요한 준비를 시작하는 것 이외에, 정보수집 활동을 주로 하는 태세	6,537 (509)
제2호 비상준비태세	1. 국지적인 재해가 발생했을 때 2. 기상청으로 기상경보를 접수한 때 3. 기타의 상황에 의해 본부장이 필요하다고 인정했을 때.	제1비상태세를 강화하고 국지재해에 즉시 대처할 수 있는 태세로, 사회적 혼란의 방지, 정보의 수집·연락 및 홍보활동에 대처하는 태세	13,346 (1,540)
제3호 비상준비태세	1. 수개의 區·市町村 지역에 재해가 발생하거나 재해발생이 예상될 때 2. 기타의 상황에 의해 본부장이 필요하다고 인정했을 때	수개의 구·시정촌 지역에 관한 재해에 즉시 대처할 수 있는 태세	24,168 (3,477)
제4호 비상준비태세	1. 재해가 확대하고 제3호비상준비 태세로는 대처할 수 없을 때. 2. 기타의 상황에 의해 본부장이 필요하다고 인정했을 때	본부의 전 조직이 동원되어 대처하는 태세	37,666 (6,087)
제5호 비상준비태세	1. 제4호 비상준비태세로는 대처할 수 없을 때 2. 진도6약 이상의 지진이 발생했을 때 3. 기타의 상황에 의해 본부장이 필요하다고 인정했을 때	재해응급대책활동에 종사하기 위해 전 직원이 동원되는 태세	148,676 (27,807)

※ 비상준비태세 준비인원은 경찰, 소방을 포함한다. ( )안은 여직원

서 운영을 하는데 이 센터에서 재난에 관련된 모든 정보를 수집 · 전달하고 지시하는 등 통합 상황관리체제를 유지하고 있다.

동경도는 <표 4-7>과 같이 재해의 상황을 5단계로 분류하여 통합 상황관리에 따른 통합대응태세를 갖추고 있다.

▶ 표 4-8 ◀ 일본 방재센터 구성별 역할

구 분	임무 및 역할
재해대책본부실	동경도 재해대책본부 회의 등을 개최하기 위한 회의실, 도청 제1본청사 8층과 9층을 전체 사용하고 있으며, 면적은 413㎡이다. 2면의 200인치 스크린이나 지도표시판, 상황표시판에 의해 107명(본부 47명, 연락원 60명)이 한 곳에서 회의가 가능
통신실	방재행정 무선을 사용하여 각 방재기관과의 연락을 취하는 곳, 일반전화선이 절단되어도 통신이 가능. 또한, 오가사하라제도(小笠原諸島)와의 연락에는 위성회선을 활용, 면적은 228㎡
지령정보실	재해대책본부의 결정사항은 이곳에서 각 방재기관에 전달, 또한 피해정보수집, 대응대책의 수립ㆍ지시. '재해정보시스템', 'AV시스템', '지진계네트워크시스템'을 이용하여 본 센터의 중추부로써의 역할 수행
야간방재 연락실	야간 방재연락원이 4인 3반 태세로 야간ㆍ휴일에 업무를 임하고 있음
옥상 헬리포트	신청사의 옥상에 헬리포트를 설치하여 긴급시의 이동ㆍ반송 등에 활용

① 방재센터의 기능

방재센터는 재해대책활동을 적절하게 수행하기 위해 크게 '재해예측을 위한 기획ㆍ조사 기능', 각종 재해정보의 수집ㆍ전송, 정보의 처리ㆍ분석 등을 수행하는 '정보수집ㆍ저장ㆍ처리ㆍ전달 기능', 어떠한 재해대책을 어떻게 실시할 것인가에 대해 협의ㆍ결정하거나 조정하는 '협의ㆍ결정ㆍ조정기능', '방재기관에 대한 각종 지시ㆍ요청을 위한 '지휘ㆍ명령ㆍ연락기능'의 네 가지 기능을 갖추고 있다.

이러한 방재센터는 <표 4-8>과 같이 재해대책본부실, 지령정보실, 통신실, 야간방재연락실, 옥상 헬리포트 등으로 구성되어 있다.

② 방재정보시스템

동경도 방재센터의 방재정보시스템은 피해 및 조치상황, 기상 관련정보 등의 문자데이터, 피해현장이나 각 기관의 재해대응 상황 등의 정보를 수집ㆍ저장ㆍ처리ㆍ전달하는 시스템 등 6개의 서브시스템으로 구성되며 [그림 4-15]와 같다.

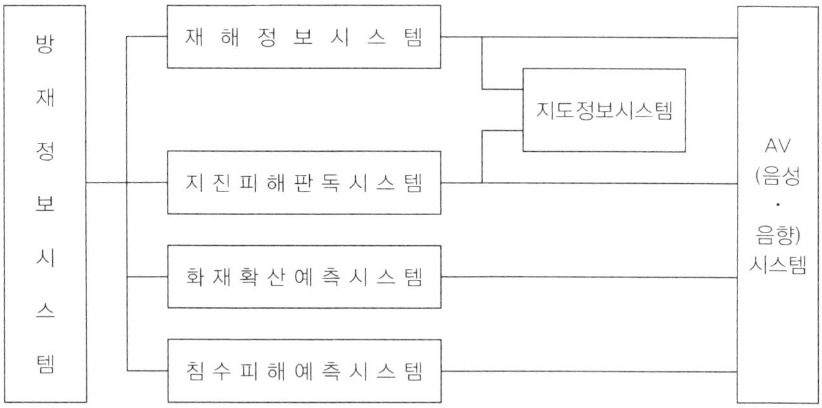

[그림 4-15] 동경도 방재정보시스템 개념도

▶ 표 4-9 ◀ 동경도 재해정보시스템 기능 및 해당 시스템

기 능	서브시스템
기상정보 수집	기상정보 서브시스템
재해발생 파악	발재(發災)정보 서브시스템
정보 전달	일제동보(一齊洞報) 서브시스템, One-Call 서브시스템
피해·조치·요청정보 관리	속보정보 서브시스템, 피해정보 서브시스템
피해·조치·요청정보 관리	조치정보 서브시스템, 요청정보 서브시스템
정보 집약(요약)	요약정보 서브시스템, 일람표출력(一覽表出力) 서브시스템, 언론매체 발표지원 서브시스템
시스템 지원	시스템운영 지원 서브시스템, 시스템 관리기능 서브시스템
스크린 표시	AV Link 서브시스템, 지도 Link 서브시스템
자료의 관리	이미지관리 서브시스템

• 재해정보시스템

재해시에 각 방재관련 기관에서 개별적으로 수집한 재해대책관련 정보를 수집·처리하여 재해대책에 반영하기 위한 시스템으로 <표 4-9>와 같다.

또한 이렇게 수집한 정보를 구시정촌(동경도의 행정체제) 등의 관계 기관에게 제공하여 각 기관의 신속하고 적절한 재해대책활동을 지원하게 된다. 평상시에는 방재대책의 조사·연구 등에 활용하고 있다.

• 지진피해판독시스템

대지진 발생 직후부터 일정시간 동안은 피해상황을 전혀 알 수 없거나 알 수 있다고 해도 충분하지 않은 경우가 대부분인데 지진피해판독시스템은 이러한 정보의 공백기에 헬기로부터 재해상황을 조사, 피해지역 및 그 정도를 파악하여 신속, 정확한 응급대응을 하는 것이 그 목적이다.

지진피해판독시스템은 지진피해 발생시 동경소방청이나 경찰청의 헬기에 탑재된 TV카메라로부터 수신된 영상정보를 바탕으로 컴퓨터로 관리되는 지도정보(GIS)를 활용하여, 피해지역·피해의 종류 및 정도를 파악하고 피해상황을 표시하는 시스템으로 헬기탑재계, 전송계, 지도처리계, 지도정보계의 4개 하부시스템과 대형스크린으로 구성되어 있다.

• 화재확산예측시스템

이 시스템은 시가지 건물 등의 상황에 대한 화재확산 예측법 및 화재확산방해요인의 분석을 통해 지진시 화재가 번져나갈 방향을 예측한다. 이를 통해 소방력을 효율적으로 운용하고 피난민을 유도하는 등의 구체적인 대응계획을 수립할 수 있다.

화재확산예측시스템은 시가지에 있는 건물들의 형태를 1/2,500 지도에서 읽어들여 그 구조, 층수 등의 속성을 모아놓은 데이터를 활용하여 발화점, 풍속 등의 조건에 따른 시가지의 상황변화를 컴퓨터로 재현하는 시뮬레이션 시스템으로 건물화재 확산, 소방력 운영, 화재확산 조장요인 평가, 화재확산 방해요인 평가모델로 구성되어 있다.

• 침수피해예측시스템

침수피해예측시스템은 태풍, 집중호우 등에 의해 하천유역 및 저지대의 침수피해를 예측하여 피난 등 신속하고 적절한 대응대책에 활용하기 위한 시스템으로 현재의 기상정보로부터 3시간 후의 침수피해를 예상할 수 있는 시뮬레이션 시스템이다.

강우량예측치, 레이다 측정 우량, 도내의 Telemeter 측정 우량, 수위정보 및 기타 기상정보를 이용하여 컴퓨터가 강우량 및 하천의 유출량을 예측하여 지도정보와의 합성을 통해 표시한다.

• 지도정보시스템

피해정보시스템 및 지진피해판독시스템으로부터 보내진 재해관련 피해정보 등을 데이터베이스에 저장된 지도정보와 합성하여 표시함과 동시에 별도의 데이터베이스에 저장된 피난장소 등의 속성정보를 표시하는 시스템이다.

• AV시스템

AV시스템은 피해 및 조치정보, 기상정보 등의 재해정보, 헬기에서 보낸 화상 등의 지진피해정보 등을 화상정보로써 제공하고, 방재센터의 기본기능인 정보수집, 협의, 결정, 조사, 지휘, 명령기능을 지원하기 위한 것으로 대형스크린에 재해정보데이터, 화상 등을 표시하기 위한 AV 서브시스템과 기상정보 등을 표시하기 위한 표시판서브시스템으로 구성되어 있다.

③ 동경도 도시위기관리 프로그램(풍수해 대책편)

- 총 칙
  - 계획의 방침
  - 도쿄의 자연과 재해
  - 하천, 항만 및 하수도 개요
- 재해예방계획
  - 수해예방대책
  - 도시시설대책
  - 농림수산시설대책
  - 훈련 및 방재지식의 보급
  - 응급활동체계
  - 정보의 수집 및 전달
  - 재해구조법의 적용
  - 상호협력 · 파견요청 계획
  - 수방대책
  - 경비 · 교통규제
- 재해응급대책계획
  - 피난계획
  - 구조 · 구급계획
  - 의료구호계획
  - 음료수 · 식료 · 생활필수품 등의 공급계획
  - 긴급수송계획
  - 청소 · 방역 · 사체처리계획
  - 응급주택계획
  - 교육 · 금융 · 노무계획
  - 도시생명선시설의 응급 · 복구계획
  - 공공시설 등의 응급 · 복구계획
- 재해복구계획
  - 민생안전을 위한 긴급계획
  - 격심재해의 지정계획

(3) 시정촌 방재회의

(가) 조 직

일반적으로 구시정촌 방재회의의 조직 및 담당사무는 [그림 4-16]과 같다.

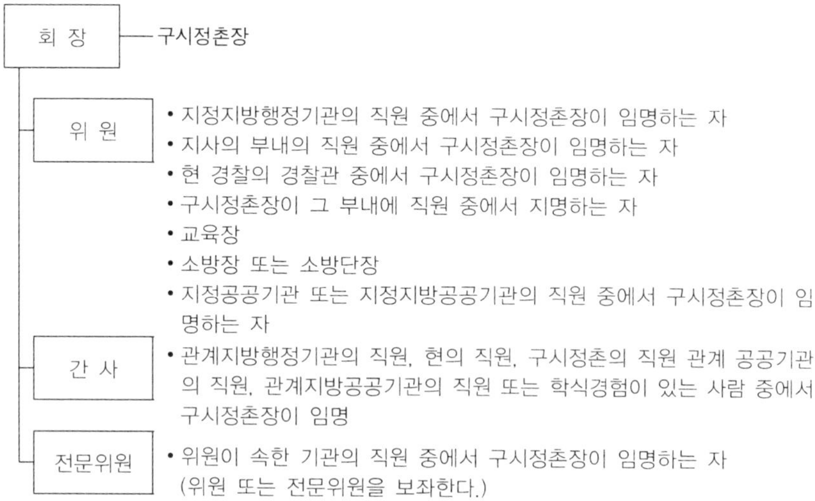

[그림 4-16] 구시정촌 방재회의의 조직 및 담당업무

(나) 임 무

일본의 도도부현 방재회의 및 시정촌 방재회의의 주요 임무는 중앙방재회의의 기능에 준하여 관계기관의 협의나 조정을 위해 설치되며 다음의 업무를 담당한다.

• 지방방재계획의 작성과 실시
• 재해에 관한 정보의 수집
• 재해발생시 관계기관의 연결 및 조정의 임무수행
• 비상재해시 긴급조치에 관한 계획 작성 및 실시추진 등

3) 소 방

(1) 소방의 임무

소방은 그 시설 및 인원을 활용하여 국민의 생명, 신체 및 재산을 화재로부터 보호하는 한편, 수화재(水火災) 또는 지진 등의 재해를 제거하

여 이들 재해에 의한 피해를 경감하는 것을 그 임무로 한다(소방조직법 제1조).

(2) 소방의 조직

(가) 시정촌 소방의 원칙

시정촌은 해당 시정촌의 구역에서의 소방을 충분히 행할 임무를 지닌다(소방조직법 제6조).

소방기관의 설치, 관리 운영은 시정촌의 책임 하에 두며 소방청, 도도부현은 필요한 조언, 지도, 지원을 행한다.

대규모 재해 또는 특수 재해 등에 있어서는 협정에 근거하는 상호협조나 긴급소방원조대에 의해서 신속하고 정확하게 대처한다.

(나) 소방청, 도도부현, 시정촌의 역할

○ 소방청(중앙정부)의 역할

· 소방제도 전반의 기획, 입안
· 소방시설 등의 강화, 지도, 조성
· 소방관련 과학기술에 관한 연구
· 소방직원, 소방단원의 간부 교육·훈련의 실시
· 도도부현, 시정촌 소방에 관한 조언, 지도, 권고
· 비상사태시의 협조 요구
· 지방공공단체의 방재대책에 관한 기획, 입안, 연락조정 등

○ 도도부현의 역할

· 시정촌 소방 상호간의 연락조정
· 시정촌의 소방에 관한 조언, 지도, 권고
· 재해방어 조치에 관한 지시, 비상사태시의 협조 요구
· 소방직 단원의 교육훈련(도도부현 소방학교에서 실시)

· 도도부현 방재계획의 책정 및 종합적인 방재대책의 실시 등

○ 시정촌(소방본부, 소방서, 소방단)의 역할

· 소방기관의 설치, 운영

· 화재예방, 소화, 구급, 구조활동, 지진, 풍수피해 등에 대한 대처

· 시정촌 방재 계획의 책정 및 종합적인 방재대책의 실시 등

(3) 소방기관의 개요

소방은 시정촌장이 관리한다. 시정촌은 소방업무를 관리하기 위한 기관으로서, 소방본부, 소방서 및 소방단 가운데 전부 또는 일부를 설치하지 않으면 안된다(소방조직법 제9조).

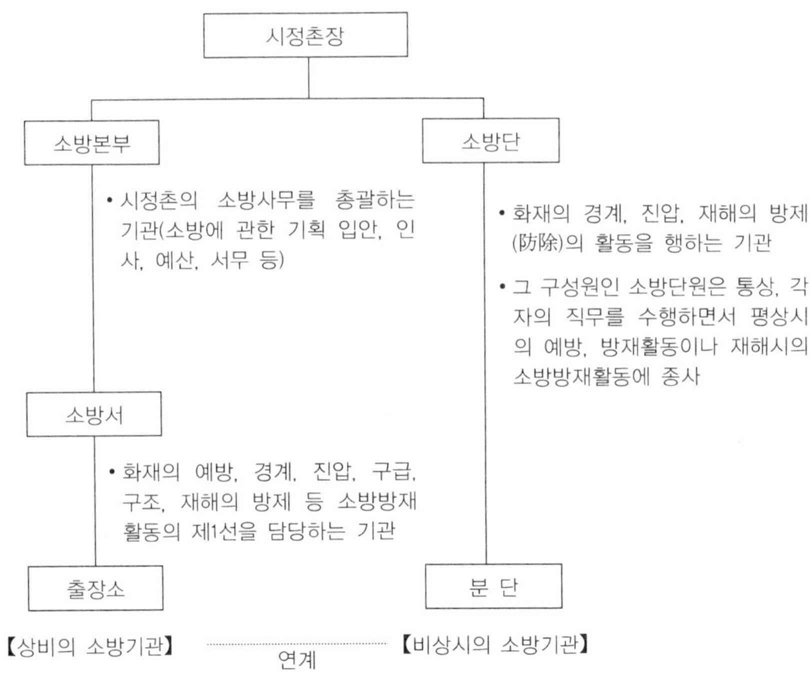

[그림 4-17] 시정촌의 소방조직 개요

(4) 소방체제의 현황

(가) 소방조직

일본의 소방은 1948년 경찰로부터 분리되어, 시정촌을 주체로 한 자치단체 소방으로서 발족하였다. 소방본부·소방서에 의한 상비소방과 주민의 자발적인 소방단체인 소방단으로 구성되어 있다.

또한, 소방본부의 수는 상비화가 진행되고 한편으로 소방의 광역화에 따라 감소하고 있다.

▶ 표 4-10 ◀ 소방체제의 현원

구 분		2005년 4월 1일 현재
소방본부	소방본부수	848
	소방직원수	156,082
소 방 단	소방단수	2,963
	소방단원수	908,043

일본의 소방활동은 소방청이 담당하며 소방법에 근거하여 응급활동을 수행하고 있고 이와 관련된 수행기관 및 단체는 <표 4-11>과 같으며, 소방활동 조직은 [그림 4-18]과 같다.

▶ 표 4-11 ◀ 일본의 소방활동 수행기관 및 단체

지 역		기관 및 단체
중 앙		소방청, 소방대학교
지 방	동경도	소방청, 소방학교, 소방과학연구소, 방면본부, 소방서, 출장소
	시정촌	소방본부, 소방학교, 소방연구소, 소방서, 출장소

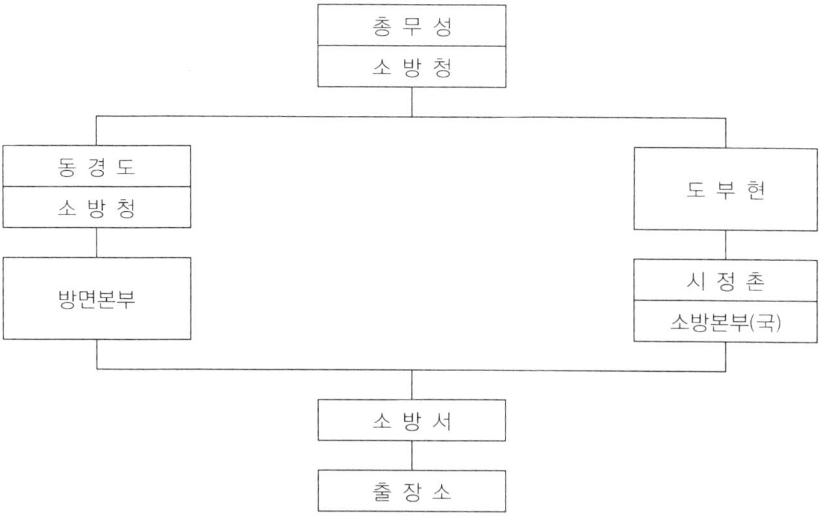

[그림 4-18] 일본의 소방활동 조직

2. 재난관리 활동

1) 대응체계

원칙적으로 재난이나 안전을 위협하는 사고가 발생하면 시정촌이 1차적 책임이며 각 현에서는 재난대책 및 정책에 중앙정부의 정책을 반영하여 총괄·조정한다. 재해발생의 위험이 높아지게 되면 주의보·경보가 발생되며 상황에 따라 대기·준비·출동·경계·해제경보가 단계별로 발령된다.

2) 긴급구조 체계

일본의 응급의료체계에서 의료기관이 참가하는 방식은 다음의 네 단계로 구성되어 있으며, 그 다음의 여러 제도들이 운영되고 있다.

① 초기구급 의료시설 : 지역사회 구급환자의 의료 확보 목적
- 휴일야간급환센터, 재택당번의사제도, 휴일 및 주야간 진료제도

② 2차구급 의료시설 : 입원치료를 필요로 하는 중증환자의 의료 확보가 목적
- 병원군 윤번제, 공동이용형 병원

③ 3차구급 의료시설 : 두부외상, 뇌졸중, 심근경색 등 중증구급환자를 위한 목적
- 도도부현(道都府縣) 단위의 구명구급센터

④ 특수구급 의료시설 : 뇌신경외과, 신생아, 정신과, 심장질환, 화상센터가 지정

- 휴일야간급환센터 : 인구 5만명 이상의 시에 1개소, 인구 20만명 이상의 시에는 인구 20만명마다 1개소를 설치(단, 추가로 15만명을 넘는 경우 1개소를 가산 설치)
- 재택당번의사 제도 : 지역의 사회별로 재택당번을 정하고 진료를 담당하게 함
- 병원군 윤번제 병원 : 휴일, 야간의 중증구급환자를 대상, 광역시정촌(市町村)별로 구역을 설정하고 수개 병원이 교대로 진료를 담당
- 공동이용형 병원 : 복수의사회 설립병원 등이 병원의 일부를 개방하여 지역사회의 협력 하에 운영
- 구명구급센터 : 연중무휴 운영, 노령인구의 증가 등에 의한 질병구조의 변화에 대한 대처, 대체로 인구 100만명에 1개소가 설치되도록 정비
- 구급의료정보센터 : 연중무휴 운영, 컴퓨터 등을 이용하여 구급의료시설에서 수집한 정보를 다른 의료시설이나 소방본부 등에 제공함으로써 원활한 연계체제 하에 구급환자의 의료 확보가 목적

- 구급현장 의료 확보 사업 : 구급자동차에 의사 및 간호사 동승, 그리고 핫라인 시스템 사업 및 구급의료 정보전송시스템 모델 사업
- 중독정비센터 데이터베이스 정비사업 : 재단법인 일본중독정보센터가 화학물질 등에 의한 급성중독의 치료방법 등의 정보를 신속히 제공하기 위해 이들 정보에 관한 데이터베이스를 정비하여 급성중독대책의 충실을 도모
- 닥터 카의 운영 : 일본의 경우, 닥터 카는 의료기관이 소유하고 있거나 소방청의 구급차에 의사가 승차하는 경우를 지칭

3. 재난관리 정보시스템

대규모의 지진이 발생했을 시에 신속한 재해대책이 가능하도록 기상청으로부터의 지진정보, 관계성청 등으로부터 헬리콥터에 의한 재해 지역 영상정보, 또한 지역의 시정촌, 도도부현, 일본방송협회를 필두로 하는 지정공공기관, 그 외의 방재관계기관으로부터의 피해상황·규모에 관한 정보 등 재해에 관한 제1차 정보를 정확히 수집하여 전체적인 피해 규모나 정도를 파악함과 함께 총리대신 관저, 지정행정기관 등에 전달하기 위한 정보·통신체제의 정비를 추진하기 위해 재해에 관한 정보의 수집·전달시스템의 정비를 추진하고 있다.

1) 정보수집·전달시스템

지진·진파정보에 대해서는 기상청이 전국 약 600개 지점의 진도계와 전국 180개 지점의 진파지진관측시설을 설치하고, 지진활동 등 종합감시시스템(EPOS), 지진진파 감시시스템(ETOS)을 정비하여 지진이나 진파의 관측 데이터의 처리·해석을 행하고 있다.

또한 소방청에 있어서는 전국 약 3,400개 지점에 설치한 지진계로부터 관측된 진도정보를 소방청에 즉시 송신하는 「진도정보네트워크시스템」을 구축하고 있다.

국립행정법인 방재과학기술연구소에 있어서는 전국 약 1,000개소에 설치한 진계에 의한 네트워크가 구축되어 있어 지진발생시의 초동대응 등에 활용하고 있다.

우량·적설 등의 정보에 대해서는 기상청에 있어서 국지적인 기상정보의 수집을 행하는 지역기상관측시스템(AMeDAS)이나 기상위성에 의한 구름의 분포·높이 등의 정보를 수집하는 정지기상위성시스템(GMSS) 등이 구축되어 관측이 행해지고 있다. 또한 국토교통성에 있어서는 1급 하천 등을 대상으로 하여 우량·수위텔레미터 및 레이더 우량계를 병행한 하천정보시스템을 구축하고 있다.

이들의 지진·진파, 우량·적설 등의 정보 중 기상청으로부터의 정보에 대해서는 지진·진파 등의 정보는 지진활동 등 종합감시시스템 및 지진진파감시시스템에, 우량·적설 등의 정보는 기상자료 종합처리시스템(COSMETS)에 의해 해석, 예측 등이 이루어지고 있으며, 기상청 본청에 설치되어 있는 전국 기상자료 자동편집중계장치(C-ADESS)를 통하여 내각부, 방위청, 소방청, 해상보안청 등의 중앙부성청에, 각 관할 기상대 등에 구축되어 있는 기상자료전송망(L-ADESS)으로부터는 국토교통성 지방정비국 및 지방공공단체에 직접 전달되며, (재)기상업무지원센터로부터 보도기관 등을 통해 일반에게 제공되고 있다. 또한 국토교통성으로부터 우량·하천수위 등의 정보가 인터넷, 휴대전화에 의해 리얼타임으로 제공되고 있다.

2) 재해대책용의 무선통신네트워크

방재관계기관에 있어서는 재해시에 있어서의 유일한 통신수단이 되는 무선통신시설의 정비를 진행하고 있으며, 전문적으로 재해대책에 사용되는 무선통신네트워크로써는 중앙방재무선망, 소방방재무선망, 도도

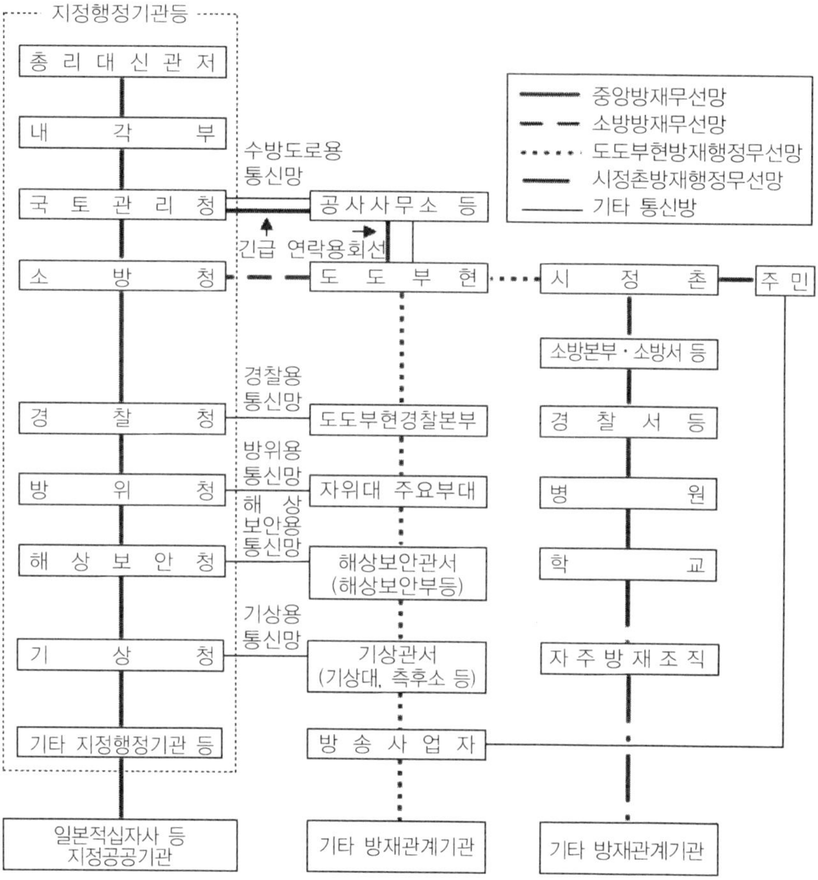

자료: 재해대책제도연구회, 『일본의 재해대책』, ぎょうせい, 2003, p. 132.

[그림 4-19] 방재관계통신망의 개념도

부현 방재행정무선망, 시정촌방재행정무선망, 방재상호통신용무선 등이 있으며 그 개요는 다음과 같다.

(1) 중앙방재무선망

중앙방재무선망은 대규모의 재해가 발생했을 때 일반 공중회선이 끊어지든지 전화쇄도에 의해 통신회선이 폭주하든지 하여 그 이용이 현저하게 곤란한 사태에 이른 경우에 있어서도 비상재해대책본부, 총리대신관저, 지정행정기관, 지정공공기관 등과의 재해정보의 수집 · 전달이 이루어질 수 있도록 하는 것을 목적으로 구축되고 있다. 이 중앙방재무선망은 대별하여 고정통신회선(화상전송회선을 포함함), 위성통신회선, 이동통신회선으로 구성된다.

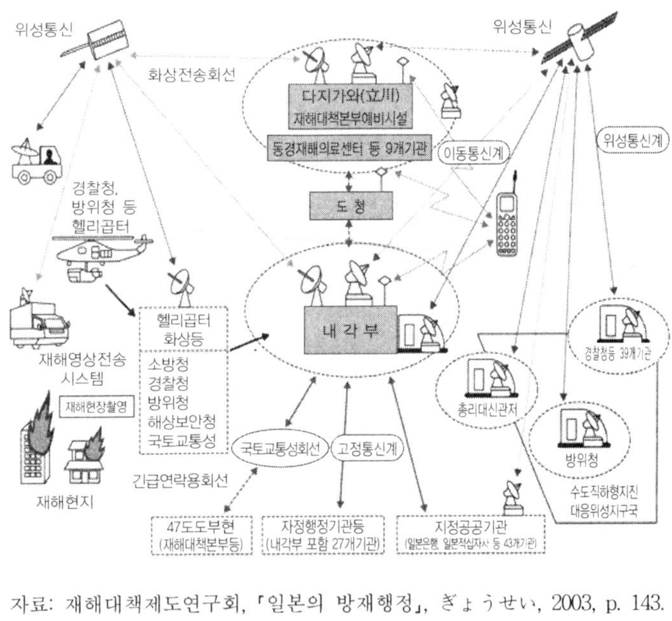

자료: 재해대책제도연구회, 『일본의 방재행정』, ぎょうせい, 2003, p. 143.

[그림 4-20] 중앙방재무선망 통신 계통도

(가) 고정통신회선

고정통신회선은 내각부로부터의 일제지령통신을 필두로 Fax, 재해영상, 각종의 데이터를 중계·전송하는 중앙방재무선망의 기간회선이며, 지정행정기관 23개기관, 총리대신 관저 등의 관계기관 5개 기관, 지정공공기관 17개 기관 및 다지가와(立川) 광역방재기지 내의 관계기관 10개 기관을 연결하고 있다.

또한 국토교통성의 전용회선으로 접속하여 재해피해지 도도부현의 재해대책본부와 총리대신 관저 및 국가의 재해대책본부를 포함한 방재관계성청 간에도 직접 연락이 되도록 통신체제를 확립하고 있다.

(나) 위성통신회선

내각부로부터 원격지에 있으므로 인해 고정통신회선을 연결하는 것이 곤란한 지정공공기관 32개 기관 간에 위성통신회선을 구축하고 있다. 또한 대규모의 수도직하형 지진에 의해 중앙방재무선망을 지탱하는 청사 등이 파손하여 중앙방재무선망 그 자체가 사용불능이 된 경우의 백업회선으로서 총리대신 관저를 필두로 내각부 등의 지정행정기관, 동경도 하부의 지정공공기관 등의 48개 기관 간에 위성통신회선을 구축하고 있다.

뿐만 아니라 국가의 재해대책본부와 현지 재해대책본부와의 사이에 영상, 전화, Fax통신수단을 신속·기동적으로 설정하기 위해 전국 9개 거점에 운반가능형의 위성통신장치의 정비를 도모하고 있다.

(다) 이동통신회선

이동통신회선은 재해발생시에 공중회선 등에 장해가 발생한 경우에 있어서도 각료, 재해대책요원 등과의 연락을 확보하고자 하는 것으로 도내 3개소에 기지국을 정비하고 각료, 재해대책요원 등의 자택 이외에,

관계성청에 운반 가능형 무선전화장치를 배치하여 통신회선을 확보하고 있다.

(2) 소방방재무선망

소방청과 도도부현과의 사이를 연결하는 무선망으로 지상계 및 위성계로 구성되어 있다.

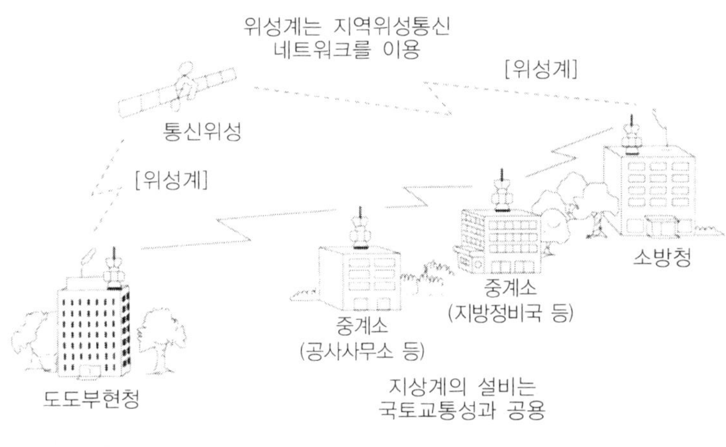

자료: 東京防災指導協會,「震災対策の現況」平成 12年, p. 215.

[그림 4-21] 소방방재 무선망 개념도

(가) 지상계

전 도도부현에 대해 전화, Fax에 의한 일체 통보를 행하는 것 외에 재해정보의 수집 · 전달에 활용되고 있다.

(나) 위성계(지역위성통신네트워크)

소방청 및 전국 약 4,200개의 지방공공단체 등을 상호 연결하는 지역위성통신 네트워크에 의해 도도부현 및 소방본부에의 전화, Fax에 의한 일제통보, 개별통신에 의한 재해정보(화상정보를 포함함)의 수집 · 전달이 가능하며, 지상계를 보완하는 것으로써 방재통신체제를 구축하는 방향으로 추진하고 있다.

(3) 도도부현 방재행정무선망

도도부현과 시정촌, 방재관계기관 등 사이를 연결하는 무선통신망이며, 지역방재계획에 기초하여 재해정보의 수집 · 전달을 행하기 위하여 지상계, 지역위성통신 네트워크에 의한 위성계 또는 양 방식에 의해 구성되어 있다.

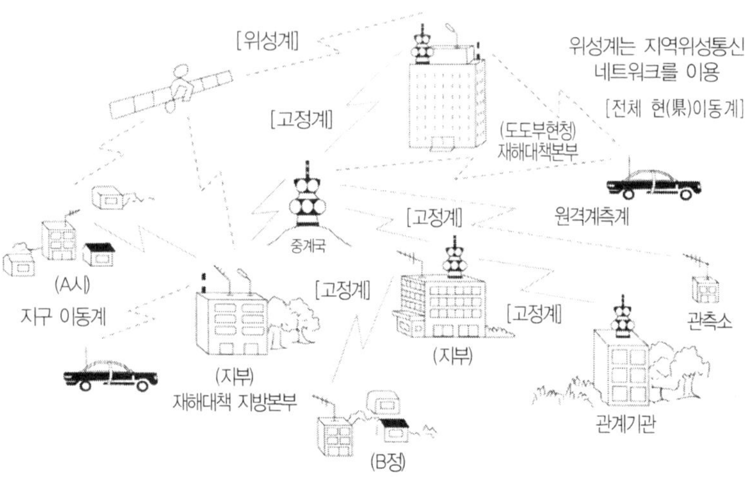

자료: 東京防災指導協會, 「震災対策の現況」 中村印刷(木朱), 平成 12年, p. 215.

[그림 4-22] 도도부현 방재행정 무선망 개념도

(4) 시정촌 방재행정무선망

시정촌이 재해정보를 수집하고 또한 지역주민에 대해 재해정보를 주지하기 위해 구축하고 있는 무선망이며, 시정촌 청사와 옥외 확성 기국이나 가정 내의 호별 수신기를 연결하는 통보계, 시정촌청사(기지국)와 차량 탑재형·운반가능형의 무선전화장치 또는 무선전화장치 상호간에서 운용되는 이동계 및 시정촌 청사, 학교, 병원 등의 방재관계기관과 생활관련 기관을 네트워크로 연결하는 지역방재계로부터 구성되어 있다.

(5) 방재상호 통신용무선

지진재해, 콤비나이트 재해 등 대규모 재해에 대비하여 재해현장에 있어서의 경찰청, 소방청, 국토교통성, 해상보안청 등의 각 방재관계기관간에 있어서 피해정보 등을 신속히 교환하고 방재활동을 원활히 진행시킬 것을 목적으로 하는 무선통신이며, 국가, 지방공공단체, 전력회사, 철도회사 등에 도입되어 있다.

(6) 기 타

총무성에서는 지방공공단체 등에 있어서의 피해정보의 수집이나 재해응급대책의 실시에 필요한 통신수단의 부족에 대비하여 전국의 종합통신국 등에 위성휴대전화, 휴대전화, 간역무선 등의 무선설비를 배치하고 요청에 따라 대여할 수 있는 체제를 정비하고 있다.

1) 화상정보의 활용

헬리콥터 등에 의한 재해 현지의 화상정보는 재해의 전모를 정확히 파악하는 데 있어서 극히 유효하므로 경찰청, 방위청, 소방청, 국토교통성 및 해상보안청의 협력을 얻어 헬리콥터 영상 수신 설비 등의 정비를 추진하여 헬리콥터 재해영상을 전국의 어디에서든지 내각부에 전송할 수 있는 화상전송시스템의 구축 · 강화를 도모하고 있다.

뿐만 아니라 각 성청에서 전송된 현지 재해화상정보를 총리대신 관저를 필두로 방재관계기관에 전송하는 중앙방재 무선망 화상전송회선의 정비를 추진하고 있다.

유수산 분화재해에 있어서는 헬리콥터에 의한 유수산의 분화상황, 민가의 피해상황, 유수산 분화 비상재해 현지 대책본부 합동회의의 영상을 총리대신 관저 · 관계 성청 등에 전송하고 재해대책활동에 크게 기여했다.

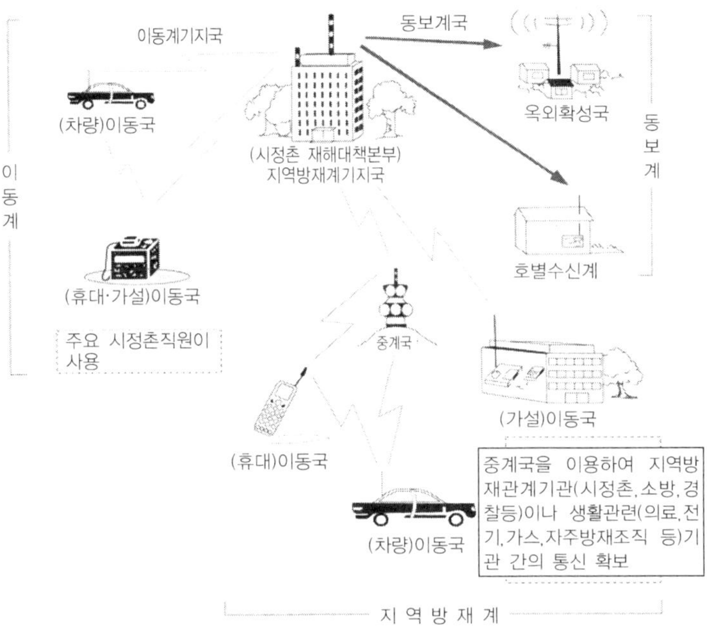

자료: 東京防災指導協會, 「震災対策の現況」 平成 12年, 中村印刷(木朱), p. 337.

[그림 4-23] 시정촌 방재행정 무선망 개념도

2) 방송에 의한 정보전달

재해정보를 주민에게 주지시키기 위해서는 방재무선망 이외에 방송의 활용이 유효하므로 일본방송협회 및 일반방송사업자에 대하여 재해발생 시의 정보전달에 대해 협력을 구하는 것으로 되어 있다. 또한 시정촌 내를 방송구역으로 하는 지역사회방송사업자의 대부분은 시정촌과의 사이에 협정을 체결하고 재해대응에 관한 협력체계를 구축하고 있다.

3) 안부확인의 정보전달

재해가 발생했을 때에는 많은 사람이 가족이나 지인의 안부를 확인하나 안부정보의 제공은 그 후의 구원활동, 복구활동을 원활히 진행하는데 있어서 매우 중요하게 된다. NTT는 네트워크기술을 활용하여 일본 내에 기록 장치를 분산하여 전국에서 약 800만 건의 안부정보의 축적이 가능한「재해용 전언 다이얼」서비스를 준비하여 안부확인 정보를 제공하고 있다.

제5장

재난현장 대응체계의 문제점과 향후 과제

이상에서 살펴본 우리나라의 재난대응체계 관련 법·제도 및 계획과 선진외국 사례를 비교한 결과, 우리나라 지방의 재난현장 재난대응에 있어 가장 큰 문제는 기초자치단체 차원에서 통합적이고 체계적인 재난대응이 안되고 있다는 것이며, 주요 원인은 다음과 같다.

첫째, 기초 지자체 차원에서 통합된 재난대응 계획이 부재하다. 재난대응과 관련한 계획으로 지역 긴급구조기관의 장인 소방서장은 재난 및 안전관리 기본법 제54조에 의해 긴급구조대응계획을 수립·시행토록 되어 있고,[1] 시군구 재난안전대책본부장(기초자치단체장)은 자연재해대책법에 의해 긴급지원계획을 수립토록 되어 있으나,[2] 기초자치단체 차원

---

1) 재난 및 안전관리 기본법 제54조(긴급구조대응계획의 수립) 긴급구조기관의 장은 재난이 발생하는 경우 긴급구조기관 및 긴급구조지원기관이 신속하고 효율적으로 긴급구조를 수행할 수 있도록 대통령령이 정하는 바에 의하여 재난의 규모 및 유형에 따른 긴급구조대응계획을 수립·시행하여야 한다.

2) 자연재해대책법 제36조(지역긴급지원체계의 구축) 시·도 및 시·군·구본부장과 시·도 및 시·군·구의 전부 또는 일부를 관할구역으로 하는 재난관리책임기관의 장은 자연재해가 발생하거나 발생할 우려가 있는 경우 업무별 지원기능에 따라 신속한 지원체제를 가동하기 위하여 대통령령이 정하는 바에 따라 소관사무에 대하여 긴급지원계획을 수립하여야 한다.

▶ 표 5-1 ◀ 긴급구조대응계획서상의 기능

재난 및 안전관리 기본법 시행령 제63조(긴급구조대응계획의 수립) ① 법 제54조의 규정에 의하여 긴급구조기관의 장이 수립하는 긴급구조대응계획은 기본계획, 기능별 긴급구조대응계획, 재난유형별 긴급구조대응계획으로 구분하되, 구분된 계획에 포함되어야 하는 사항은 다음 각호와 같다.

1. 기본계획
 가. 긴급구조 대응계획의 목적 및 적용범위
 나. 긴급구조 대응계획의 기본방침과 절차
 다. 긴급구조 대응계획의 운영책임에 관한 사항
2. 기능별 긴급구조대응계획
 가. 지휘통제: 긴급구조체제 및 통제단 운영체계 등에 관한 사항
 나. 비상경고: 긴급대피, 상황전파, 비상연락 등에 관한 사항
 다. 대중정보: 주민보호를 위한 비상방송시스템 가동 등 긴급공공정보 제공에 관한 사항 및 재난상황 등에 관한 정보통제에 관한 사항
 라. 피해상황분석: 재난현장상황 및 피해정보의 수집분석보고에 관한 사항
 마. 구조진압: 인명수색 및 구조, 화재진압 등에 관한 사항
 바. 응급의료: 대량사상자 발생시 응급의료서비스제공에 관한 사항
 사. 긴급오염통제: 오염노출통제, 긴급 전염병 방제 등 재난현장 공중보건에 관한 사항
 아. 현장통제: 재난현장접근통제 및 치안유지 등에 관한 사항
 자. 긴급복구: 긴급구조활동을 원활히 하기 위한 긴급구조차량 접근도로 복구 등에 관한 사항
 차. 긴급구호: 긴급구조요원 및 긴급대피 수용주민에 대한 위기상담, 임시 의식주제공 등에 관한 사항
 카. 재난통신: 긴급구조기관 및 긴급구조지원기관간 정보통신체계 운영 등에 관한 사항
3. 재난유형별 긴급구조대응계획
 가. 재난발생 단계별 주요 긴급구조 대응활동사항
 나. 주요 재난유형별 대응메뉴얼에 관한 사항
 다. 비상경고 방송메세지 작성 등에 관한 사항

② 긴급구조기관의 장은 긴급구조대응계획의 수립을 위하여 필요한 경우에는 긴급구조지원기관의 장에게 소관별 긴급구조세부대응계획을 수립하여 제출하도록 요청할 수 있다. 이 경우 긴급구조기관의 장은 긴급구조세부대응계획의 작성에 필요한 긴급구조세부대응계획의 수립에 관한 지침을 작성하여 배포하여야 한다.

에서 재난대응과 관련된 기관이 모두 참여하여 작성된 통합되고 일원화된 재난대응계획은 없다.

둘째, 긴급구조대응계획서와 긴급지원계획에는 재난대응기능이 중복되어 있다. 긴급구조대응계획서상의 기능과 긴급지원계획상의 기능을

▶ 표 5-2 ◀ 긴급지원기능

자연재해대책법 시행령 제28조 (재해대비 지역긴급지원체계의 구축) ① 법 제36조의 규정에 의하여 시·도재난안전대책본부의 본부장(이하 "시·도본부장"이라 한다) 및 시·군·구재난안전대책본부의 본부장(이하 "시·군·구본부장"이라 한다)과 시·도 및 시·군·구의 전부 또는 일부를 관할하는 재난관리책임기관의 장은 다음 각호의 사항 중 소관사무에 대하여 긴급지원계획을 수립하여야 한다.

1. 정보의 수집·분석·전파
2. 인명구조
3. 이재민 수용·구호
4. 재해지역 통신소통의 원활화
5. 의료서비스, 전염병 예방·방역 및 위생점검
6. 시설 응급복구(장비·인력 및 자재의 동원을 포함한다)
7. 재해지역 사회질서유지 및 교통관리
8. 유해화학물질 처리, 쓰레기 수거·처리
9. 긴급에너지 수급
10. 단기지역안정(복구비·위로금의 지급)
11. 재해수습홍보

② 그 밖에 지역긴급지원체계의 구축에 관하여 필요한 사항은 지역본부장이 당해 지역을 관할하는 재난관리책임기관의 장과 협의하여 정한다.

비교해 보면, 중복된 기능이 대부분임을 알 수 있다.

이상의 기능을 비교해 보면 <표 5-3>과 같이 많은 기능이 중복됨을 알 수 있다.

▶ 표 5-3 ◀ 재난대응기능 중복 비교표

긴급구조대응계획		긴급지원계획	
근거법	재난 및 안전관리 기본법	근거법	자연재해대책법
작성자	긴급구조기관의 장	작성자	중앙행정기관의 장, 시·도 및 시·군·구 재난안전대책본부장, 재난관리책임기관의 장
기능별 계획 #	기능	기능 #	긴급지원기능
1	지휘통제	–	–
2	비상경고	[기능 1]	정보수집·분석·전파
3	대중정보	[기능 1]	정보수집·분석·전파
4		[기능 11]	재해수습홍보

5	피해상황분석	[기능 1]	정보수집 · 분석 · 전파
6	구조진압	[기능 2]	인명구조
7	응급의료	[기능 5]	의료서비스, 전염병 예방 · 방역 및 위생점검
8	긴급오염방제	[기능 8]	유해화학물질 처리, 쓰레기 수거 · 처리
9	현장통제	[기능 7]	재해지역 사회질서유지 및 교통관리
10	긴급복구	[기능 6]	시설 응급복구(장비 · 인력 및 자재의 동원)
11	긴급구호	[기능 3]	이재민 수용 · 구호
–	재난통신	[기능 4]	재해지역 통신소통의 원활화
–		[기능 9]	긴급에너지 수급
		[기능 10]	단기지역안정(복구비, 위로금 지급)

미국의 ESF(Emergency Support Function)와 긴급구조대응기능 및 긴급지원기능을 비교해 보면 아래 표와 같다.

▶ 표 5-4 ◀ 미국 ESF와 우리나라 재난대응기능 비교

비상지원기능(ESF)	긴급구조대응기능	긴급지원기능	비고
#1 수송			대량대피
#2 통신		재해지역 통신소통 원활화	기반구조
#3 공공사무 및 엔지니어링	긴급복구	시설 응급 복구(장비, 인력, 자재)	
#4 소방	구조진압		
#5 긴급상황관리	상황분석	정보의 수집 · 분석 · 전파	
#6 대중 치료, 주택 및 휴먼 서비스	긴급구호	이재민 수용 · 구호	
#7 자원 원조			
#8 공중 보건과 의료 서비스	응급의료	의료서비스, 전염병예방 · 방역, 위생점검	
#9 탐색 및 구조	구조진압	인명구조	
#10 기름과 위험물질대응	오염통제	유해화학물질 처리, 쓰레기 수거 · 처리	

#11 식량과 천연자원			기반구조
#12 에너지		긴급에너지 수급	기반구조
#13 공공안전과 안보	현장통제	재해지역 사회질서유지 및 교통관리	
#14 장기적인 지역공동체 복구와 경감			장기복구/경감
#15 대외업무(공보)	대중정보	재해수습홍보	
		단기지역안정 (복구비, 위로금 지급)	우리나라의 정부가 직접 지원금을 주는 특징
	재난통신		현장대응 기능
	지휘통제		
	비상경고		

미국의 ESF에는 수송, 자원 원조, 식량과 천연자원, 장기적인 지역공동체 복구와 경감 등 우리나라의 긴급지원계획에는 없는 지원기능이 있다. 수송기능은 미국에서는 대피시 대규모 인원이 먼 곳으로 일시에 피해야 하므로 필요한 기능이다. 특이한 사항은 미국은 복구시 장기적인 관점에서 다시 재해가 발생되지 않도록 경감 차원의 복구에 주안점을 두고 있음을 파악할 수 있다. 우리나라의 경우는 단기 지역안정을 위한 기능이 있는데, 미국은 복구비 등을 보험 등으로 처리하고 있는데 비해 우리나라는 정부가 직접 복구지원하는 것이 많음을 시사하고 있다.

셋째, 지역긴급구조통제단과 지역재난안전대책본부의 역할 범위가 모호하다. 미국의 재난대응체계인 EOC(Emergency Operation Center)와 IC(Incident Command)의 역할과 책임은 자치단체 전반에 걸친 책임인지, 당해 재난현장(구역)에 국한된 책임인지에 따라 그 경계가 명확하며, EOC는 현장지휘는 하지 않고 현장에서 필요로 하는 자원을 지원하는 것이 주요 역할이다. EOC와 IC는 하나의 지휘선상에 위치하므로 지

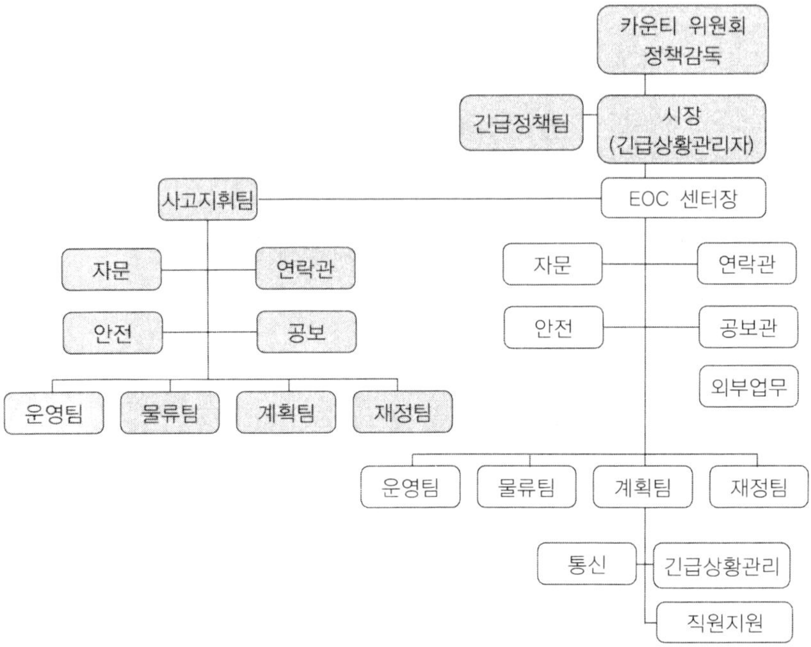

[그림 5-1] 미국 한 카운티의 EOC와 IC간의 체계도

휘권의 이양이 불필요하다.

그러나 우리의 경우는 대응단계에서 재난안전대책본부와 긴급구조통제단의 임무 경계가 명확하지 못하다.

긴급구조통제단은 긴급구조활동을 위해 현장지휘[3]하는 것이나 긴급구조대응계획에는 구조·진압 이외의 응급의료, 현장통제, 긴급복구 등을 총괄·지휘·조정·통제하도록 되어 있다.

긴급구조는 재난대응기능 중 하나에 불과하다. 그러나 긴급구조대응계획에는 현장통제, 응급의료, 구호, 긴급복구, 오염통제 등 구조·진압

3) 재난 및 안전관리 기본법 제52조(현장지휘) ① 재난현장에서의 긴급구조활동의 지휘는 시·군·구 긴급구조통제단장이 행한다. 다만, 치안활동과 관련된 사항에 대하여는 관할경찰관서의 장과 협의하여야 한다.

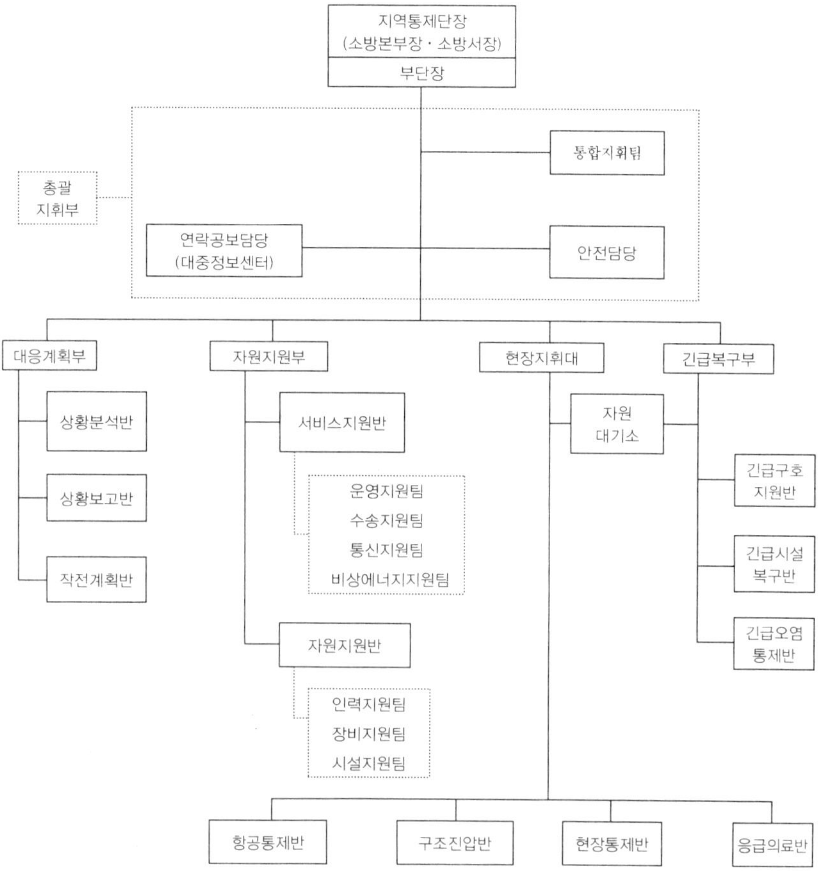

[그림 5-2] 지역긴급구조통제단 조직체계도

이외의 대부분의 재난대응기능을 포함하고 있다. 긴급구조에 국한된 것만 아니라 재난대응 전반에 대한 내용을 포괄하고 있다.

또한 지역 재난안전대책본부도 구조·구급의 총괄 기능을 포함하고 있다. 긴급구조통제단과의 역할 구분이 모호하다.

넷째, 동일 지역에서 총괄·조정기능의 중복수행으로 상호간섭 및 혼란이 예상된다. 해당 관할구역 안에서 재난발생시 이를 총괄·조정

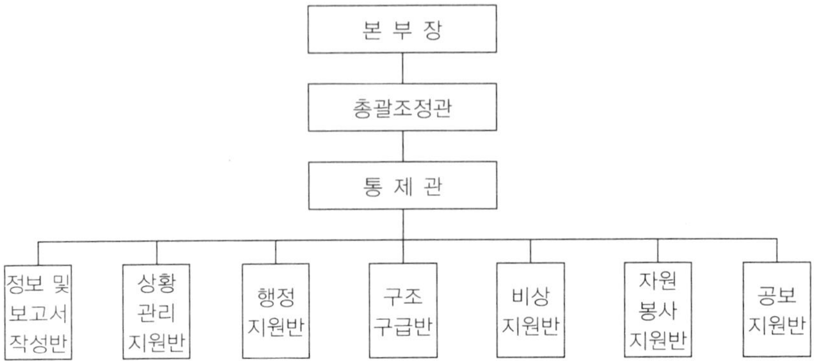

[그림 5-3] 지역재난안전대책본부의 조직체계도

하고 필요한 조치를 하기 위해 시장·군수·구청장은 시군구 재난안전대책본부를 둘 수 있다.[4] 또한 시군구긴급구조통제단장도 재난현장에서의 긴급구조활동을 지휘하도록 되어 있다.[5] 특히 지역 재난안전대책본부의 기능 중 상황총괄, 구급구조 총괄 등은 긴급구조통제단과 기능이 중복되는 바 동일지역에서 두 개의 대응조직 활동을 하게 되면 서로 다른 대응전략과 전술을 수행하여 중복대응, 상호간섭 및 혼란을 야기할 수 있다.

다섯째, 의사결정권자 지정이 명확하지 않아서 긴급상황에 의사결정이 지연될 개연성이 다분히 있다.

4) 재난 및 안전관리 기본법 제16조(지역재난안전대책본부) ① 해당 관할구역안에서 재난의 예방·대비·대응·복구 등에 관한 사항을 총괄·조정하고 필요한 조치를 하기 위하여 시·도지사는 시·도재난안전대책본부(이하 "시·도대책본부"라 한다)를, 시장·군수·구청장은 시·군·구재난안전대책본부(이하 "시·군·구대책본부"라 한다)를 각각 둘 수 있다. 다만, 당해 재난과 관련하여 제14조의 규정에 의하여 중앙대책본부를 두는 경우에는 시·도지사 또는 시장·군수·구청장은 시·도대책본부 또는 시·군·구대책본부(이하 "지역대책본부"라 한다)를 두어야 한다.

5) 재난 및 안전관리 기본법 제52조(현장지휘) ① 재난현장에서의 긴급구조활동의 지휘는 시·군·구긴급구조통제단장이 행한다. 다만, 치안활동과 관련된 사항에 대하여는 관할경찰관서의 장과 협의하여야 한다.

이와 같은 문제점을 보완하기 위해 시행령 59조에서는 현장지휘체계의 이양을 하는 경우를 “지역통제단장의 현장지휘에 관한 사항은 긴급구조활동이 종료되거나 지역본부장이 필요하다고 판단하는 경우”로 되어 있고 “지역통제단장과 지역본부장이 협의하여 … 지역본부장이 수행할 수 있다”로 되어 있다.[6)]

긴급구조활동과 치안활동간의 관계에서도 통제단장과 관할경찰관서의 장과 협의하도록 되어 있다.[7)]

재난발생시는 의사결정이 신속하게 이루어져야만 현장에서 대응이 우왕좌왕되지 않고 원활히 이루어질 수 있다. 이 규정의 ‘협의’가 제대로 되지 않았을 경우에 대한 내용은 포함하고 있지 않다.

미국의 한 카운티의 재난대응계획(EOP) 사례를 살펴보면, 자연재난의 경우 현장지휘관은 소방과 재난관리 관련 부서가 모두 계획서상에 지정되어 있다. 여기에는 자연재난 이외에도 모든 재난유형별로 재난지휘기관(또는 부서)을 선정해 놓고 있다.

재난지휘시 여러 기관이 참여하게 될 경우 통합지휘팀(unified incident command team)을 구성된다. 재난지휘관을 선정하는 절차는 통합지휘팀으로 지명된 대표들이 지휘권자(lead authority)를 결정하며, 미리 선정되었다면 재확인한다. 만약 지휘권자가 특정 사건·사고에 명확하지 않을 경우 지역 기관장이 지휘권자를 결정하도록 되어 있다.

---

6) 재난 및 안전관리 기본법시행령 제59조(현장지휘체계) ② 법 제52조제1항 및 제3항의 규정에 의한 지역통제단장의 현장지휘에 관한 사항은 긴급구조활동이 종료되거나 지역본부장이 필요하다고 판단하는 경우에는 지역통제단장과 지역본부장이 협의하여 행정자치부령이 정하는 바에 의하여 지역본부장이 수행할 수 있다.

7) 재난 및 안전관리 기본법 제52조(현장지휘) ① 재난현장에서의 긴급구조활동의 지휘는 시·군·구긴급구조통제단장이 행한다. 다만, 치안활동과 관련된 사항에 대하여는 관할경찰관서의 장과 협의하여야 한다.

▶ 표 5-5 ◀ 미국의 재해유형별 책임기관 지정표

Hazard Type	Lead Incident Command Agency(s)
Aircraft Incident	Fire Department or Police Department
Building Collapse	Fire Department
Earthquakes	Fire Department/Office of Emergency Management
Epidemics, Diseases, & Health Threats	Department of Human Services
Explosion	Fire Department or Police Department
Fire	Fire Department
Floods	Fire Department/Office of Emergency Management
Food contamination	Department of Human Services
HAZMAT Incidents	Fire Department
Jail(Riot/hostage)	Sheriff's Office
Nuclear Attack	Fire Department
Radiation Incident	Fire Department
Pipeline Spill Fire or Explosion	Fire Department
Riots, Civil Disturbances, Mass arrest	Police Department
Terrorism Crisis and Hostage Situation	Police Department
Tornado, Hurricanes & Severe Storms	Fire Department/Office of Emergency Management
Train Derailment	Fire Department
Water Contamination–human threat	Department of Human Services
Water Quality/Quantity	Department of Environmental Services or Department of Human Services
Water Supply Distribution System	Department of Environmental Services
Winter Storm	Department of Environmental Services
Resource Shortage	Emergency Management

Lead Agency designation for Incident Command and Unified Incident Command, listed by hazard type. For some hazards, multiple lead agency possibilities exist, depending upon the specific incident circumstances.

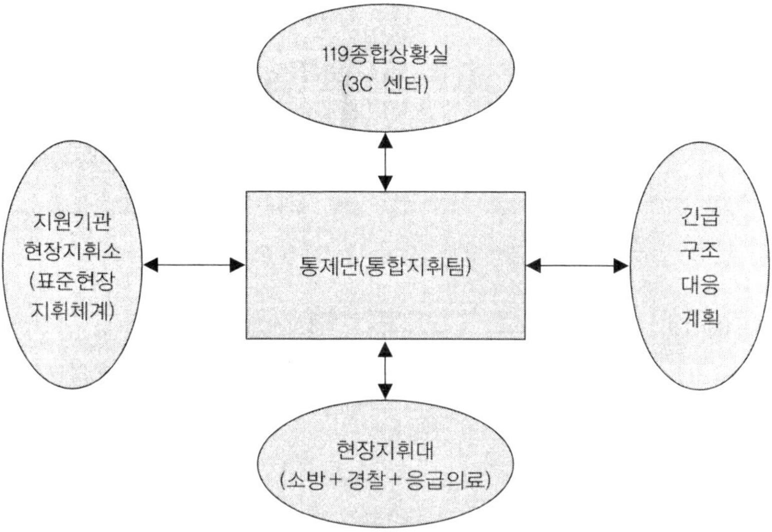

[그림 5-4] 통합지휘체계 구성도

우리나라의 경우, 긴급구조활동에 대해서는 참가하는 각 지원기관의 자원을 하나의 지휘소, 하나의 대응활동계획에 따라 조정 통제하는 전반적 대응체계로써 [그림 5-4]와 같이 통합지휘[8]체계를 수립해 놓고는 있으나, 긴급구조 통제단을 중심으로 만들어 놓은 것으로서, 유관기관과의 협력·조정을 이끌기에는 무리가 있을 수 있다.

여섯째, 재난안전대책본부와 긴급구조통제단간 조직에 구성 기능이 상이하여 상호협조가 미흡하다. 두 조직을 이루고 있는 기본조직(각 부와 반)의 구조 또한 상이한 근본적인 문제점을 가지고 있다.

반면, 미국의 경우는 [그림 5-5]와 같이 현장대응조직의 기능과 지원조직의 기능이 운영, 계획, 물자조달, 재정관리 등으로 서로 같아서 원활한 협력을 추구하고 있는 체계가 이루어지고 있다.

---

8) 통합지휘는 현장지휘대, 표준현장지휘체계, 3C센터, 긴급구조통제단 통합지휘팀을 통해 확립됨.

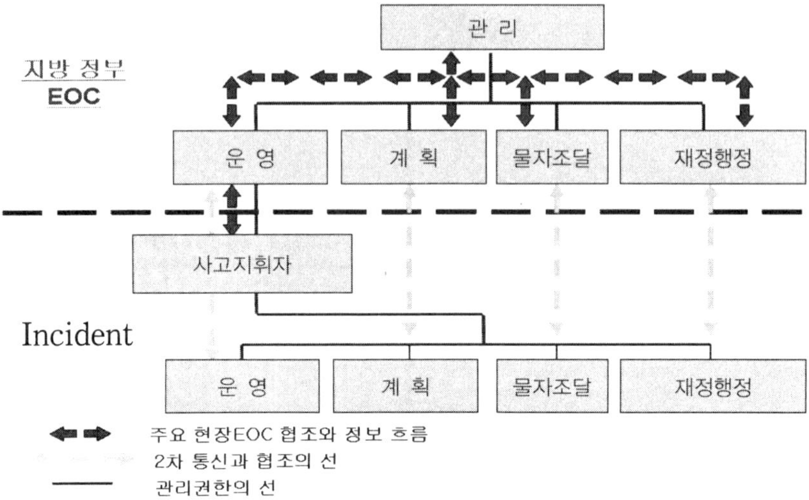

[그림 5-5] 미국 지방정부 EOC와 IC간 관계도

일곱째, 재난안전대책본부의 자원관리 및 지원기능이 미흡하다.

미국 NRP에서 지방정부의 기관장(Local Chief Executive Officer)은 관할 지역의 행정기관의 장으로서 공공의 안전과 그 관할 지역 내의 주민의 복리에 책임이 있음을 규정하고 있다. 구체적인 역할로는 다음과 같다.

- 테러, 자연재해, 재난, 다른 우발적 사고를 포함하는 모든 위험을 포함하는 사고를 예방하고, 대응하고 복구하는 모든 범위의 행동을 전달하기 위해 지방자원을 조정할 책임이 있다.
- 주법과 지방법에 의거하여, 지방법과 조례를 일시적으로 정지하는 특별(임시의) 권한을 갖는다. 야간통행금지를 명한다든지, 직접적인 철수를 명하고 전염병 예방을 위해 지방건강책임기관과 동등하게 격리시킬 수 있다.
- 리더십을 제공하고 공공 부문과 의사소통하고, 시민과 기업을 돕는데 중요한 역할을 하며, 기관은 관할구역 내에서 선포된 국내재

난의 결과에 대처한다.

- 자원공유를 촉진하기 위해 다른 주와 상호원조협정을 협상・체결하고 관계를 맺는다.
- 관할 지역의 대응능력을 초과하거나 소진한 경우 주지사를 통해 주 및 연방의 원조를 요청할 수 있다.

이상에서 살펴본 바와 같이 자치단체장의 주요 역할은 현장대응 및 지

▶ 표 5-6 ◀ 지역재난안전대책본부의 임무

- ■ 상황총괄반: 시・도, 시・군・구 재난대책담당국・과와 관련 실・국・과 및 지방기상청 등 유관기관 소속원으로 구성
  - 일일상황보고서 작성・보고 및 상황일지 작성
  - 국가안전관리정보시스템을 활용한 피해상황 등 입력
  - 재난진행상황 파악・전달・처리 및 사전예방조치
  - 상황판단회의 개최 및 대처계획 수립
  - 현장상황관리관 및 중앙수습지원단 활동 지원
  - 특별지시사항 처리 및 상황관리에 필요한 사항
- ■ 행정지원반: 시・도, 시・군・구 재난대책담당국・과와 관련 실・국・과 소속 공무원으로 구성
  - 주요 인사방문 의전, 상황근무명령, 복무단속 및 행정 지원에 필요한 사항
- ■ 구조구급반: 시・도, 시・군・구 재난대책담당국・과와 관련 실・국・과 소속 공무원으로 구성
  - 구조・구급 총괄 및 기타 구조・구급에 필요한 사항
- ■ 비상지원반: 시・도, 시・군・구 재난대책담당국・과와 관련 실・국・과 및 유관기관 소속 공무원으로 구성
  - 응급복구, 민방위대, 군・경 협조 및 기타 응급복구에 관한 사항
  - 이재민 수용시설 지정 및 구호센터 설치운영
  - 부상자 의료지원, 침수지역 및 이재민 집단급식소 위생관리, 전염병 예방 방역소독, 기동의료반 및 기동방역반 편성운영
- ■ 자원봉사지원반: 시・도, 시・군・구 재난대책담당국・과와 관련 실・국・과 소속 공무원 및 참여희망 자원봉사단체
  - 자원봉사센터 운영, 사유시설 응급복구 등 자원봉사 활동에 관한사항
- ■ 공보지원반: 시・도, 시・군・구 재난대책담당국・과와 관련 실・국・과 소속 공무원 및 지역방송위원회 소속직원으로 구성
  - 재난상황별 국민행동요령 홍보
  - 재난예・경보 발령사항 등의 전파
  - 각종 보도자료 작성 배포 및 재난현장 취재지원
  - 기타 공보지원에 필요한 사항

역의 안정을 위한 자원을 공급하는 것이나 우리나라 지역 재난안전대책본부의 현실은 기초지자체 내에 가용 대응자원에 대해 통합 관리하고 있지 못하여 현장에 대한 자원지원이 미흡한 실정이다.

재난관리책임기관 매뉴얼에 의하면 <표 5-6>과 같이 재난안전대책본부의 주요 임무기능은 상황파악, 상부기관에 피해상황 보고, 주요 인사 방문의전 등이 대부분이다. 재난대응 현장에 대한 총괄적 지원은 미흡하다.

[그림 5-6] 국가 재난대응체계

▶ 표 5-7 ◀ 기관별 재난관련 정보시스템의 활용현황

시스템 / 기관명	시군구청				소방서		
	국가안전관리 정보시스템	상황전파 시스템	재난관리공동 활용센터 시스템	삼척시 재난관리 시스템	소방긴급구조 활동정보 시스템	소방예방정보 관리시스템	소방지식 정보시스템
삼척시청	●	●	●	●			
삼척소방서		●			●	●	●
삼척경찰서		●					
삼척 국유림관리소		●					
동해기상대		●					
육군 제1902부대							
삼척시 적십자봉사회							
동해 해양경찰서		●					
삼척시 자원봉사센터							
한국전력공사 삼척지점		●					
KT 삼척지점		●					
삼척문화방송							

범례: ●: 시스템 이용권한 부여

여덟째, 재난안전대책본부와 긴급구조통제단과의 상황정보 공유가 미흡하다. 재난관련 정보시스템으로 기초 자치단체에서는 국가안전관리정보시스템, 상황전파시스템, 재난관리공동활용센터시스템, 시군구 재난관리시스템 등을 활용하고 있고, 소방서에서는 소방긴급구조활동 정보시스템, 소방예방 정보관리시스템, 소방지식 정보시스템 등을 활용하고 있으나, 상황전파시스템 이외의 정보시스템은 접근권한이 서로 부여되지 않아 정보공유가 원활하지 못하다.

이 때문에 시군구통제단은 시도통제단과 시군구 재난안전대책본부에 이중 보고해야하고 보건소는 시군구 재난안전대책본부와 시도의 보건복지담당에게 이중보고하는 불편을 초래하고 있다.

특히, 현장에 다수기관 참여시 기관간 무선통신체계가 상이하여 정보소통에 어려움이 있다.

아홉째, 동일인이 다수조직에 중복역할로 지정되어 있어 재난발생시 어떤 조직에서 활동할 지 모호하다. 대규모 재난발생시 우리나라는 중앙긴급구조통제단과 중앙재난안전대책본부가 동시에 설치될 수 있는 체계이다. 중앙긴급구조통제단과 중앙재난안전대책본부가 설치시 소방방재청장(자연재난·인적재난시)은 중앙재난안전대책본부의 차장인 동시에 중앙긴급구조통제단의 단장으로 역할을 수행해야하기 때문에 어느 한 조직은 운영이 정상적으로 작동될 수 없다.

마지막으로 재난관리 책임기관과 긴급구조지원기관으로 지정된 기관은 관련 계획을 중복 수립해야하는 낭비가 있을 수 있다. 각 계획에는 유사한 재난대응기능이 중복적으로 포함되어 있어 긴급구조지원기관과 재난관리책임기관으로 지정되어 있는 기관은 중복적인 계획을 수립할 수밖에 없다. <표 5-8>은 삼척시 관내 재난대응 관련기관과 단체를 재난관리책임기관과 긴급구조지원기관, 긴급구조기관 등으로 구분하여 표시한 표이다. 많은 수의 기관이 재난관리책임기관이면서 긴급구조지원기관으로 지정되어 있다.

▶ 표 5-8 ◀ 삼척시 관내 재난대응 관련 기관·단체 현황

구 분	재난관리 책임기관	긴급구조 지원기관	긴급구조 기관	비 고
삼척시청	○			
삼척시보건소		○		
삼척소방서			○	강원도(재난관리책임기관)

삼척경찰서	○	○		경찰청(재난관리책임기관, 긴급구조지원기관)
육군 1902부대		○		국방부(긴급구조지원기관)
강원도삼척교육청	○			강원도교육청(재난관리책임기관)
동해해양경찰서	○		○	해양경찰청(재난관리책임기관, 긴급구조기관)
삼척국유림관리소	○	○		산림청(재난관리책임기관, 긴급구조지원기관)
강릉(정선)국도유지관리소	○	○		건설교통부(재난관리책임기관, 긴급구조지원기관)
한국철도공사 강원지사 도계역	○	○		한국철도공사(재난관리책임기관)
삼척우체국	○	○		정보통신부(재난관리책임기관, 긴급구조지원기관)
동해지방해양수산청	○	○		재난관리책임기관
동해기상대	○	○		기상청(재난관리책임기관, 긴급구조지원기관)
강원도삼척의료원		○		긴급구조지원기관
삼척병원		○		긴급구조지원기관
한국전력공사 삼척지점	○	○		한국전력공사(재난관리책임기관, 긴급구조지원기관)
KT 삼척(태백)지점	○	○		KT(재난관리책임기관, 긴급구조지원기관)
대한석탄공사 도계광업소	○	○		대한석탄공사(긴급구조지원기관)
농협중앙회 삼척시지부	○	○		농업협동조합중앙회(재난관리책임기관)
한국수자원공사 태백권관리단	○	○		한국수자원공사(재난관리책임기관, 긴급구조지원기관)
한국가스안전공사 강원영동지사	○	○		한국가스안전공사(재난관리책임기관, 긴급구조지원기관)
한국전기안전공사 강원동부지사	○	○		한국전기안전공사(재난관리책임기관, 긴급구조지원기관)
대한적십자사 강원지사	○	○		대한적십자사(재난관리책임기관, 긴급구조지원기관)
강릉응급의료정보센터		○		긴급구조지원기관
영동권역응급의료센터		○		긴급구조지원기관

이상에서 살펴본 문제점을 해결하기 위해 향후 추진해야 할 과제는 다음과 같다. 첫째, 현재 지역 긴급구조통제단과 지자체 재난안전대책본부의 기능과 역할을 진단하여 개선방안을 수립하여야 한다. 여기서는 우리나라의 재난관리 정보화 수준을 고려하여 재난현장 지휘체계의 기관간 역할 재조명과 조정이 필요하다. 둘째, 기초자치단체 차원에서 현장재난대응에 필요한 기능을 규명하고, 현장지휘와 자원지원기능, 총괄·조정기능, 현장의 재난대응을 원활히 하기 위해 지원조직과의 기능구조를 일치시키는 등에 대한 개선방안을 마련하여야 한다. 셋째, 재난 및 안전관리 기본법과 자연재해대책법에서 긴급구조통제단과 재난안전대책본부에 중복되게 부여된 재난대응기능 및 계획수립 등의 중복조항은 개정해야 한다. 특히 현장지휘자 지명권자를 명확히 설정하는 조항의 신설이 필요하다. 넷째, 지자체 차원에서 재난상황정보를 재난대응기관과 지원 및 총괄기관에서 공유할 수 있도록 현재 운용 중인 정보시스템의 접근권한을 정보별로 정보접근가능자를 지정하여 부여하여야 한다. 중복보고를 방지하고 정보공유를 활성화하기 위해 법·제도적으로 이를 강제화하는 방안을 마련하여야 한다. 또한 재난현장에 참여하는 대응 기관간의 상황정보 소통을 원활히 할 수 있도록 재난무선통신망의 확산을 추진하여야 한다. 다섯째, 이상의 과제의 결정판인 기초 지자체 내의 유관기관과 공동으로 통합적인 재난대응계획을 수립하여야 한다. 여기에는 다음 사항이 명시되어야 한다.

- 재난대응기능별 책임·지원기관 지정 및 역할
- 재난유형별 주관기관과 부서 지정
- 통합계획서에 역할이 부여된 모든 기관장의 서명
- 현장지휘자 지명권자 명확화

이상과 같이 본 연구는 기초 지역 차원에서 재난발생 현장에서의 재난대응을 함에 있어 기능의 중복과 미흡한 점 등의 문제점을 도출하여 효율적인 재난대응활동을 위한 지휘체계를 수립하기 위한 개선방안을 제시하기 위하여, 태풍, 홍수 등으로 인해 대규모 피해가 있었던 지역의 재난대응 경험을 한 공무원 등 전문가 인터뷰와 재난현장의 대응 지휘체계에 있어 문제점 관련 문헌 분석, 인터넷을 통한 미디어 조사, 우리나라 재난대응관련 법·제도 및 지침, 계획 등을 분석하였으며, 선진사례를 조사·분석하였다. 특히, 시사점 도출을 위해 선진 외국의 재난대응 기능, 조직, 역할, 계획 등을 조사하고 우리나라와 비교분석 후 개선방안을 모색하였다.

부록

재난현장지휘체계 관련 법 · 제도

현장지휘에 대하여 「재난 및 안전관리 기본법」 제52조 제1항은 "재난현장에서의 긴급구조활동의 지휘는 시 · 군 · 구긴급구조통제단장이 행한다. 다만, 치안활동과 관련된 사항에 대하여는 관할경찰관서의 장과 협의하여야 한다."라고 규정하고 제2항에서는 "제1항의 규정에 의한 현장지휘는 다음 각호의 사항에 관하여 행한다라고 하면서, 1. 재난현장에서의 인명의 탐색 · 구조, 2. 긴급구조기관 및 긴급구조지원기관의 인력 및 장비의 배치와 운영, 3. 추가 재난의 방지를 위한 응급조치, 4. 긴급구조지원기관 및 자원봉사자 등에 대한 임무의 부여, 5. 사상자의 응급처치 및 의료기관으로의 이송, 6. 긴급구조에 필요한 물자의 관리, 7. 현장접근 통제, 현장 주변의 교통정리 그 밖에 효율적인 긴급구조활동을 위하여 필요한 사항" 등을 열거하고 있다. 그리고 제3항에서는 "시 · 도 긴급구조통제단장은 필요하다고 인정하는 경우에는 제1항의 규정에 불구하고 직접 현장지휘를 할 수 있다."고 규정하고 있으며, 제4항은 "중앙통제단장은 대통령령이 정하는 대규모의 재난[1])이 발생하거나 그 밖

---

1) 재난및안전관리기본법 시행령 제13조에 의하면, "대통령령이 정하는 대규모 재난"이라 함은 다음 각호의 1에 해당하는 재난을 말한다.

1. 법 제3조제1호의 규정에 의한 재난 중 인명 또는 재산의 피해 정도가 매우 크거나 재난의 영향이 사회적 · 경제적으로 광범위하여 주무부처의 장 또는 법 제16조제2항의 규정에 의한 지역재난안전대책본부의 본부장(이하 "지역본부장"이라 한다)의 건의를 받아 법 제14조제2항의 규정에 의한 중앙재난안전대책본부의 본부장(이하 "중앙본부장"이라 한다)이 인정하는 재난.

에 필요하다고 인정하는 경우에는 제1항 및 제3항의 규정에 불구하고 직접 현장지휘를 할 수 있다."라고 규정하고 제5항은 "재난현장에서 긴급구조활동에 임하는 긴급구조요원은 제1항·제3항 및 제4항의 규정에 의하여 현장지휘를 하는 각급 통제단장의 지휘·통제에 따라야 한다.", 제6항은 "중앙통제단장 및 지역통제단장은 재난현장의 긴급구조 등 현장지휘를 효과적으로 수행하기 위하여 재난현장에 현장지휘소를 설치·운영할 수 있다. 이 경우 긴급구조활동에 참여하는 긴급구조지원기관의 현장지휘자는 현장지휘소에 대통령령이 정하는 바에 의하여 연락관을 파견하여야 한다."라고 규정함으로써 현장지휘의 개념을 긴급구조활동에 초점을 맞추어 개념규정하고 있음을 알 수 있다(동법 §52).

동법 시행령 제59조는 현장지휘체계에 대하여 제1항에서는 "법 제52조의 규정에 의한 현장지휘(연락관을 파견하는 긴급구조지원기관의 현장지휘를 포함한다)는 ① 2개 이상의 지방자치단체의 관할구역에 걸친 재난과 ② 하나의 지방자치단체 관할구역 안에서 다수의 긴급구조기관 및 긴급구조지원기관이 공동으로 대응하는 재난이 발생한 때에는 행정안전부령이 정하는 표준현장지휘체계에 의하여야 한다."고 하고 있으며, 제2항에서는 "법 제52조 제1항 및 제3항의 규정에 의한 지역통제단장의 현장지휘에 관한 사항은 긴급구조활동이 종료되거나 지역본부장이 필요하다고 판단하는 경우에는 지역통제단장과 지역본부장이 협의하여 행정안전부령이 정하는 바에 의하여 지역본부장이 수행할 수 있다."라고 규정하고 있고, 그리고 제3항에서는 "그 밖에 긴급구조활동의 현장지휘에 관한 사항은 행정안전부령이 정하는 바에 의한다."라고 규정하고 있다.

---

2. 제1호의 규정에 의한 재난에 준하는 것으로서 중앙본부장이 재난관리를 위하여 법 제14조제1항의 규정에 의한 중앙재난안전대책본부(이하 "중앙대책본부"라 한다)의 설치가 필요하다고 판단하는 재난.

학술적으로는 현장지휘체계의 개념을 "재난현장에서의 상호 이질적 대응기관들이 재난상황의 복잡성에 비례하여 혼란스럽게 대응하는 문제점을 개선시키고자 하는 조직화"로 정의할 수 있을 것이다.

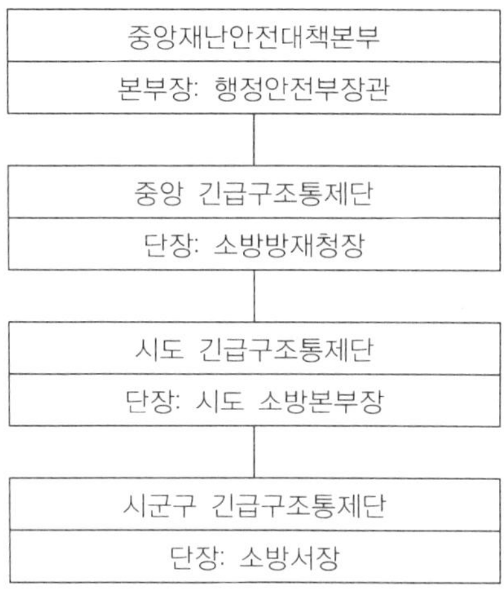

[그림 A-1] 재난현장 지휘체계: 긴급구조통제단 중심으로

따라서 현장지휘의 내용을 파악하기 위해서는 위의 법규정과 아울러 행정안전부령으로 정하는 '표준현장지휘체계'가 중요함을 알 수 있다. 표준현장지휘체계에 대해서는 긴급구조대응활동 및 현장지휘에 관한 규칙에서 구체적으로 규정하고 있다.

즉, 긴급구조대응활동 및 현장지휘에 관한 규칙 제1조의 목적에서는 "각종 재난이 발생하는 경우 현장지휘체계를 확립하고 긴급구조대응활동을 신속하고 효율적으로 수행하기 위하여 재난 및 안전관리 기본법 및 동법 시행령에서 위임된 사항 및 그 시행에 관하여 필요한 사항을 규정함을 목적으로 한다." 라고 규정하고 있다.

그리고 제9조에서 표준현장지휘체계 등에 대하여 규정하고 있다. 즉,

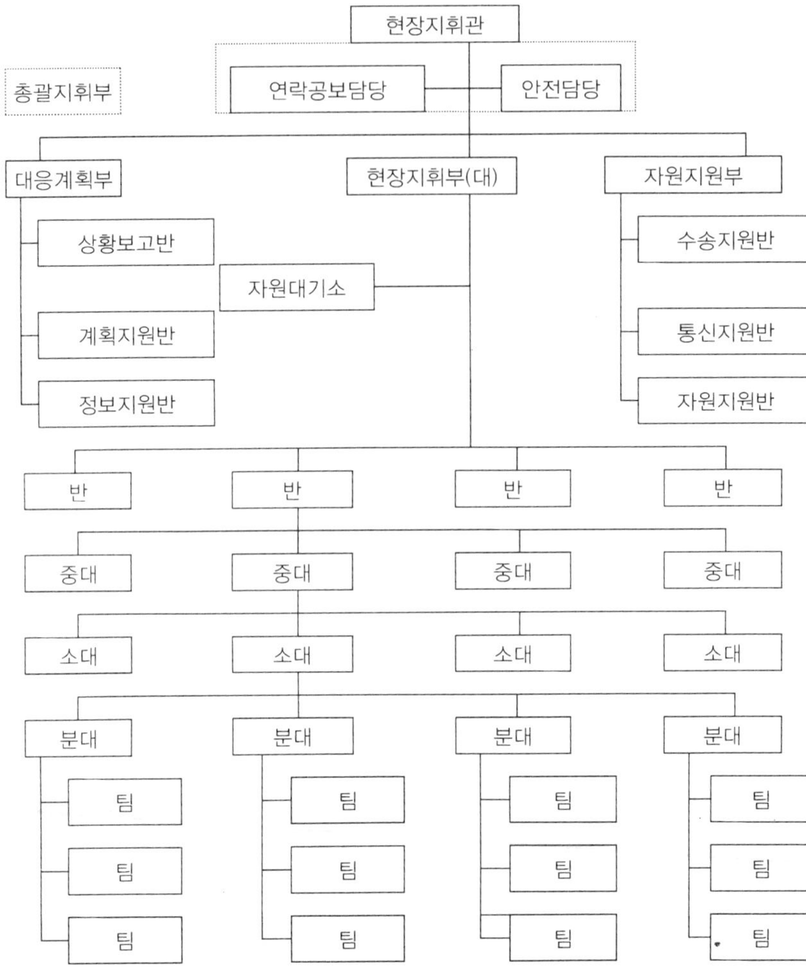

주) 위 표의 부·반·중대·소대·분대 및 팀의 구성은 다음 각호와 같다.

1. 부: 현장지휘관의 임무수행을 기능별로 보좌하는 최고 단위조직
2. 반: 2개 내지 4개의 중대를 하나의 통합지휘단위로 묶은 단위조직
3. 중대: 2개 내지 4개의 소대를 하나의 통합지휘단위로 묶은 단위조직
4. 소대: 2개 내지 4개의 분대를 하나의 통합지휘단위로 묶은 단위조직
5. 분대: 2개 내지 4개의 팀을 하나의 통합지휘단위로 묶은 단위조직
6. 팀: 동일임무를 함께 수행하는 3 내지 10명의 최소 단위조직

[그림 A-2] 표준지휘조직구조(제9조제3항 관련)

▶ 표 A-1 ◀ 부서별 기능

부서별		임 무
총괄지휘부	연락공보담당	1. 대중정보 및 대중매체 홍보에 관한 사항 2. 유관기관과 연락 및 보고에 관한 사항
	안전담당	1. 소속기관 임무수행지역의 현장 안전진단 및 안전조치 2. 소속기관 현장활동 요원들의 안전수칙의 수립 및 교육
대응계획부		1. 재난상황정보의 수집·분석 및 상황예측 2. 현장활동계획의 수립 및 배포
자원지원부		1. 대응자원 현황을 대응계획부에 제공하고 대응계획부의 현장활동 계획에 따라 자원의 배분 및 배치 2. 현장활동에 필요한 자원의 동원 및 관리
현장지휘부(대)		1. 대응계획부의 현장활동계획의 이행 2. 자원대기소 운영 및 교대조 관리

제1항에서는, "영 제59조 제1항의 규정에 의한 연락관을 파견하는 긴급구조지원기관을 예시하면 다음과 같다. 1. 국방부, 2. 경찰청, 3. 산림청, 4. 재해구호법 제10조의 규정에 의한 전국재해구호협회, 5. 영 제4조 제6호 및 제7호의 규정에 의한 기관 및 단체 중 긴급구조기관의 장이 지정하는 기관 및 단체"를 규정하고 있고, 제2항은 "영 제59조 제1항에서 "행정안전부령이 정하는 표준현장지휘체계"라 함은 긴급구조기관 및 긴급구조지원기관이 체계적인 현장대응과 상호협조체제를 유지하기 위하여 공통으로 사용하는 표준지휘조직구조, 표준용어 및 재난현장표준작전절차를 말한다."라고 규정하고 있다. 그리고 제2항의 규정에 의한 표준지휘조직구조는 [그림 1-2]와 같다(동규칙 §9③).

그리고 표준지휘조직구조의 부서별 기능은 다음 <표 1-1>과 같다(동규칙 §9③).

동 규칙 제11조는 긴급구조지원기관 등의 역할에 대해 "긴급구조기관과 긴급구조지원기관은 1. 법 제3조 제7호의 규정에 의한 긴급구조기관과 영 제4조 제1호 및 제3호의 긴급구조지원기관은 <표 1-1>의 규정에

▶ 표 A-2 ◀ 긴급구조지원기관의 역할(제11조 제1호 관련)

(#: 계획의 일련번호)

계획번호(#)	1	2	3	4	5	6	7	8	9	10	11
기능별 긴급구조대응 계획 / 긴급구조 지원기관	지휘통제	비상경고	대중정보	상황분석	구조진압	응급의료	오염통제	현장통제	긴급복구	긴급구호	재난통신
소방방재청	○	○	○	○	○	△	△	△	△	△	○
국방부	△				△	△	△	△	△	△	△
교육과학기술부		△	△	△			△		△	△	
지식경제부				△			△		△		
보건복지가족부					△	○	△	△		△	△
환경부						△	○		△		△
국토해양부	△		△				△		○		
경찰청	△	△	△	△	△		△	○			△
해양경찰청			△	△	△	△	△		△	△	△
기상청			△								
산림청					△						△
대한적십자사						△	△		△	○	

<비고>
1. ○: 책임기관
2. △: 지원기관
3. 해양경찰청장은 해양에서 발생한 재난에 대하여는 위 구분에 불구하고 기능별 긴급구조 대응계획의 모든 분야에서 책임기관이 된다.

의한 역할, 2. 영 제4조 제2호·제4호 내지 제7호의 긴급구조지원기관은 긴급구조대응계획이 정하는 역할의 구분에 따라 책임기관 또는 지원기관으로서의 역할을 수행한다."로 규정하고 있다(<표 1-2> 참조).

동 규칙 제12조는 중앙통제단의 구성과 관련하여 제1항에서는 "영 제55조 제4항의 규정에 의하여 중앙통제단은 [그림 1-3]의 규정에 따라 구성하여야 한다.", 제2항은 "법 제49조 제4항의 규정에 의하여 긴급구

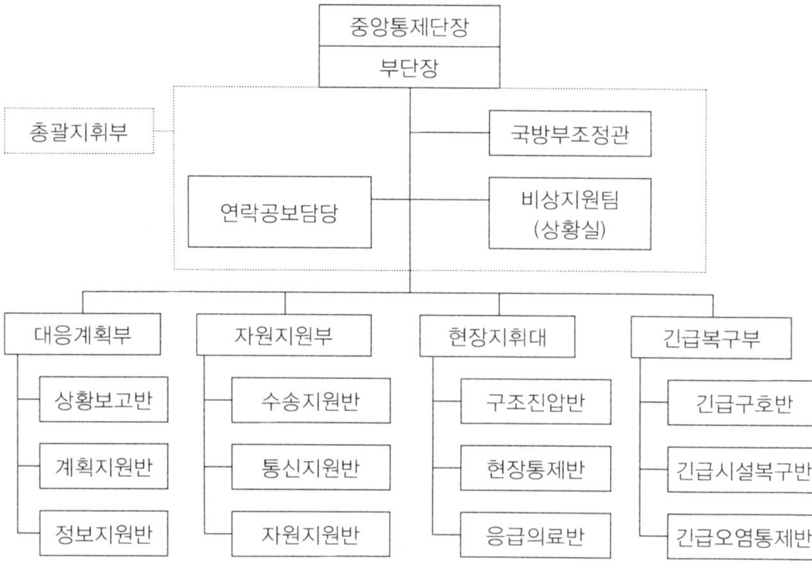

[그림 A-3] 중앙통제단의 구성(제12조 제1항 관련)

조지원기관의 장은 중앙통제단의 파견요청이 있는 경우에는 중앙통제단 비상지원팀에 상시연락관을 파견하여야 한다.", 그리고 제3항은 "그 밖에 중앙통제단의 구성에 관한 세부사항은 긴급구조대응계획이 정하는 바에 의한다."라고 규정하고 있다([그림 1-3] 참조).

그리고 중앙통제단의 부서별 기능에 대해서는 <표 1-2>와 같이 규정하고 있다(동규칙 §12①).

▶ 표 A-3 ◀ 중앙통제단의 부서별 임무

<table>
<tr><th colspan="2">부서별</th><th>주요 임무</th><th>대응계획</th></tr>
<tr><td colspan="2">중앙통제단장</td><td>1. 긴급구조활동의 총괄 지휘·조정·통제
2. 정부 차원의 긴급구조대응계획의 가동</td><td>지휘통제계획(#1)</td></tr>
<tr><td rowspan="3">총 괄 지휘부</td><td>국방부 조정관</td><td>1. 중앙통제단장과 공동으로 국방부의 긴급 구조지원활동 조정·통제
2. 광범위한 지역에 걸친 재난시 대규모 탐색구조 활동 지원</td><td>국방부 세부대응 계획</td></tr>
<tr><td>연락 공보담당</td><td>1. 대중정보계획(#3) 가동
2. 대중매체 홍보에 관한 사항
3. 종합상황실과 공동으로 비상경고계획(#2) 가동
4. 국회 또는 중앙재난안전대책본부장의 연락 및 보고에 관한 사항</td><td>대중정보 계획(#3)</td></tr>
<tr><td>비상지원팀 (상황실)</td><td>1. 중앙통제단 지원기능수행
2. 긴급구조대응계획중 기능별 긴급구조대응계획 가동지원
3. 각 소속 기관·단체에 분담된 임무연락 및 이행완료 여부 보고</td><td>기능별 대응계획 (#1–11)</td></tr>
<tr><td rowspan="3">대 응 계획부</td><td>상황보고반</td><td>재난상황정보를 종합 분석·정리하여 중앙대책본부장 등에게 보고</td><td>지휘통제 계획(#1)</td></tr>
<tr><td>계획지원반</td><td>시·도긴급구조통제단의 대응계획부의 작전 계획 수립지원</td><td>지휘통제 계획(#1)</td></tr>
<tr><td>정보지원반</td><td>시 ·도긴급구조통제단 기술정보 지원</td><td>지휘통제 계획(#1)</td></tr>
<tr><td rowspan="3">자 원 지원부</td><td>수송지원반</td><td>1. 긴급구조지원기관의 자원수송 지원
2. 다른 지역 자원봉사자의 재난현장 집단수송 지원</td><td>지휘통제 계획(#1)</td></tr>
<tr><td>통신지원반</td><td>1. 재난현장의 중앙통제단과 소방방재청의 종합상황실과의 통신지원
2. 정부 차원의 재난통신지원 활동</td><td>재난통신 계획(#11)</td></tr>
<tr><td>자원지원반</td><td>소방방재청 자원관리시스템을 통한 시·도통제단 자원 요구사항 지원</td><td>지휘통제 계획(#1)</td></tr>
<tr><td rowspan="3">현 장 지휘대</td><td>구조진압반</td><td>1. 정부 차원의 인명구조 및 화재 등 위험진압 지원
2. 시·도 소방본부 및 권역별 긴급구조지휘대 자원의 지휘·조정·통제</td><td>구조진압 계획(#5)</td></tr>
<tr><td>현장통제반</td><td>1. 정부 차원의 대규모 대피계획 지원
2. 지방 경찰관서 현장통제자원의 지휘·조정·통제</td><td>현장통제 계획(#8)</td></tr>
<tr><td>응급의료반</td><td>1. 정부 차원의 응급의료자원 지원활동
2. 정부 차원의 재난의료체계 가동
3. 시·도 응급의료 자원의 지휘·조정·통제</td><td>응급의료 계획(#6)</td></tr>
</table>

긴 급 복구부	긴급구호반	1. 정부긴급구호활동 지원 2. 긴급구조	긴급구호 계획(#10)
	긴급시설 복구반	1. 정부긴급시설복구 지원활동 2. 시·도긴급구조통제단 긴급시설복구자원의 지휘·조정·통제	긴급복구 계획(#9)
	긴급오염 통제반	1. 정부 차원의 긴급오염통제 지원활동 2. 시·도긴급구조통제단 긴급오염통제자원의 지휘·조정·통제	긴급오염 통제계획 (#7)

동 규칙 제13조에서는 지역통제단의 구성과 관련하여 제1항에서는 "영 제57조의 규정에 의한 시·도 긴급구조통제단 및 시·군·구긴급구조통제단(이하 "지역통제단"이라 한다)은 [그림 1-4]의 규정에 따라 구성하되, 시·군·구긴급구조통제단은 지역실정에 따라 구성·운영을 달리할 수 있다.", 제2항에서는 "법 제50조 제3항의 규정에 의하여 1. 영 제4조 제2호의 규정에 의한 군부대, 2. 지방경찰청 및 경찰서(해양경찰서를 포함한다), 3. 보건소, 응급의료에 관한 법률 제26조의 규정에 의한 권역응급의료센터, 동법 제27조의 규정에 의한 응급의료정보센터 및 동법 제30조의 규정에 의한 지역응급의료센터 중 지역통제단장이 지정하는 기관 또는 센터, 4. 그 밖에 지역통제단장이 지정하는 기관 및 단체는 지역통제단장의 파견요청이 있는 경우에는 지역통제단의 통합지휘팀에 연락관을 파견하여야 한다."라고 규정하고 있으며, 제3항에서는 "그 밖에 지역통제단의 구성 및 운영에 관한 세부사항은 긴급구조대응계획이 정하는 바에 의한다."라고 규정하고 있다.

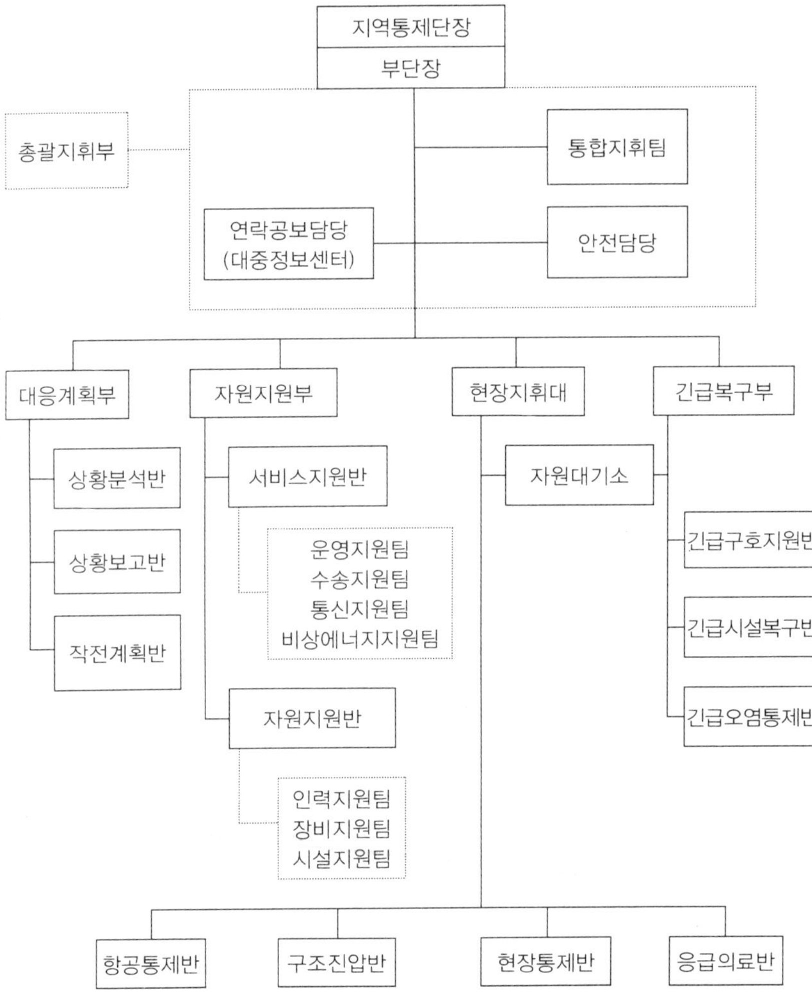

[그림 A-4] 지역통제단의 구성(제13조제1항 관련)

그리고 지역통제단의 부서별 기능에 대해서는 <표 1-3>과 같이 규정하고 있다(동규칙 §13①).

▶ 표 A-4 ◀ 지역통제단의 부서별 임무

부서별		주요 임무	대응계획
지역통제단장		1. 긴급구조활동의 총괄 지휘·조정·통제 2. 시·도 긴급구조대응계획의 가동 책임	지휘통제 계획(#1)
총 괄 지휘부	통합지휘팀	1. 전반적 대응 목표 및 전략 결정 2. 대응활동계획의 공동 이행(소속기관별 임무분담 및 이행) 3. 전반적 자원활용의 조정 4. 그 밖에 통제단장 지원활동	각 소속기관 세부 대응계획
	연 락 공보담당	1. 대중정보 제공에 관한 사항 2. 대중매체에 대한 홍보에 관한사항 3. 상황실과 공동으로 비상경고계획 이행 4. 국회 또는 중앙재난안전대책본부장의 연락 및 보고에 관한 사항	대중정보 계획(#3)
	안전담당	1. 재난현장의 안전진단 및 안전조치 2. 현장활동 요원들의 안전수칙 수립 및 교육	지휘통제 계획(#1)
대 응 계획부	상황분석반	1. 재난상황정보의 수집·분석 및 대응목표 우선순위 설정 2. 재난상황예측 3. 작전계획반과 공동으로 대응활동계획 수립	지휘통제 계획(#1)
	상황보고반	1. 대책본부장 및 중앙통제단 등에 대한 보고서 작성	지휘통제 계획(#1)
	작전계획반	1. 현장 대응활동계획 수립 및 배포 2. 작전계획에 따른 자원할당	지휘통제 계획(#1)
자 원 지원부	서비스 지원반	1. 운영지원팀: 통제단 운영지원 및 현장지휘소 설치 2. 수송지원팀: 긴급구조자원 수송지원 3. 통신지원팀: 현장지휘 및 자원관리에 필요한 통신지원 4. 비상에너지지원팀: 전기, 연료 등 지원	지휘통제 계획(#1) 재난통신 계획(#11)
	자원지원반	1. 인력지원팀: 현장인력지원 및 자원집결지운영 2. 장비지원팀: 현장 필요장비 동원 및 지원 3. 시설지원팀: 현장 필요시설 동원 및 지원	지휘통제 계획(#1)
현 장 지휘대	구조진압반	1. 각 시·군·구긴급구조통제단 인명구조 및 화재 등 위험진압 및 지원 2. 그 밖에 각 시·군·구 구조진압반 지휘·조정·통제 3. 자원대기소 운영	구조진압 계획(#5)
	현장통제반	1. 시·도 대피계획 지원 2. 각 대응구역별 현장자원의 지휘·조정·통제	현장통제 계획(#8)

현 장 지휘대	응급의료반	1. 시·도 차원의 응급의료 및 자원지원활동 2. 대응구역별 응급의료자원의 지휘·조정·통제 3. 사상자 분산이송통제 4. 사상자 현황파악 및 상황보고반에 대한 보고자료 제공	응급의료 계획(#6)
	항공통제반	1. 항공대 운항통제 및 이착륙장 관리 2. 응급환자 원거리 항공이송 통제	항공구조 활동지침
긴 급 복구부	긴급구호 지원반	1. 시·도차원의 긴급구호 및 자원지원활동 2. 긴급구조요원 및 자원봉사자에 대한 의식주 지원	긴급구호 계획(#10)
	긴급시설 복구반	1. 시·도차원의 긴급시설복구 및 자원지원 활동 2. 시·군·구긴급구조통제단 긴급시설복구 자원의 지휘·조정·통제	긴급복구 계획(#9)
	긴급오염 통제반	1. 시·도차원의 긴급오염통제 및 자원지원 활동 2. 시·군·구긴급구조통제단 긴급오염통제 자원의 지휘·조정·통제	긴급오염 통제계획(#7)

동 규칙 제16조에서는 긴급구조지휘대의 구성 및 기능에 대하여 규정하고 있다. 제1항은 "영 제65조 제3항의 규정에 의하여 긴급구조지휘대는 [그림 1-5]의 규정에 따라 구성·운영하되, 소방본부 및 소방서의 긴급구조지휘대는 상시 구성·운영하여야 한다." 제2항은 "영 제65조 제3항의 규정에 의하여 긴급구조지휘대는 1. 통제단이 가동되기 전 재난초기시 현장지휘, 2. 주요 긴급구조지원기관과의 합동으로 현장지휘의 조정·통제, 3. 광범위한 지역에 걸친 재난발생시 전진지휘, 4. 화재 등 일상적 사고의 발생시 현장지휘의 기능을 수행한다.", 그리고 제3항은 "영 제65조 제1항의 규정에 의하여 긴급구조지휘대를 구성하는 1. 상황분석요원 (대응계획부), 2. 자원지원요원(자원지원부) 3. 통신지휘요원(구조진압반), 4. 안전담당요원(연락공보담당 또는 안전담당), 5. 경찰파견 연락관(현장통제반), 6. 응급의료파견 연락관(응급의료반)에 해당하는 자는 통제단이 설치·운영되는 경우에는 [그림 1-5]의 구분에 따라 통제단의 해당부서에 배치된다."라고 규정하고 있다.

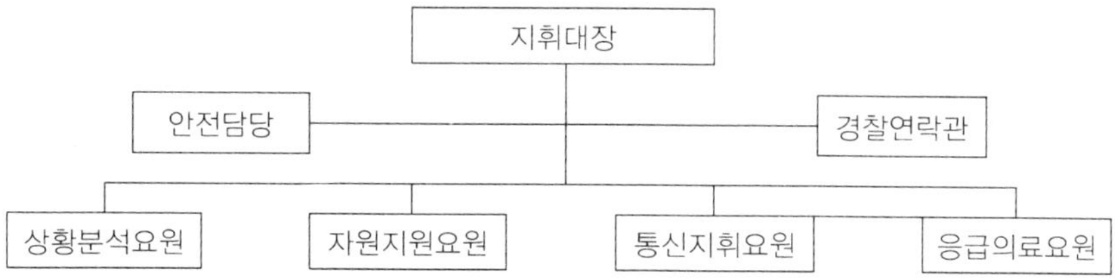

[그림 A-5] 긴급구조지휘대(제16조 제1항 관련)

참고 문헌

경남발전연구원(2003). 대구지하철 참사로 본 재난관리의 문제점 및 개선방안. 경남발전연구원.

권건주(2003). 한국지방행정 재난관리행정체제의 개선방안에 관한 연구. 강원대학교 대학원 박사학위 논문.

______(2007). 풍수해 발생시 기관별 역할 및 공조체제.「참여정부 국가 위기관리와 재난현장의 문제점 및 개선 방안」. 희망제작소 재난관리연구소 제3차 세미나 자료집. 서울: 희망제작소 재난관리연구소.

권오한(2004). 위기현장지휘자의 지휘행동이 현장구성원들의 사기·응집성·만족도에 미치는 영향. 호서대학교 대학원 박사학위 논문.

김국현(2006). 대형 재난대응시스템 혁신방안, 제1기 소방정책관리자반 발표자료, http://www.fire.or.kr/data/Upload/study/발표자료(1).ppt

김열수(2006). 한국의 위기관리체계: 평가와 대책, 국방대학교.

김영규·임송태(1997). 재난대응체계 모델에 관한 연구.「지방행정연구」, 11(4).

김태수(2006). 종합적 소방방재 정보통신망 구축 방안에 관한 연구. 정보통신연구진흥원.

김태윤(2003). 우리나라의 국가재해관리체계의 모색.「재해재난 관리체계 재정립 방안」. 행정개혁시민연합. 16-41.

남궁근(1995). 재해관리행정체계의 국가간 비교연구: 미국과 한국의 사례를 중심으로.「한국행정학보」, 29(3): 957-981.

대구광역시소방본부(2004).「대형재난대응사례집」. 대구: 삼일사.

류상일(2007). 한국의 지방자치단체 재난대응체계-정책네트워크 이론의 호혜성과 확장성을 중심으로. 충북대학교 대학원 박사학위 논문.

박기동(2001).「조직행동론」. 서울: 박영사.

박동균(1995).「지방정부의 위기관리 행정에 관한 연구: 서울시 인적재난의 사전대비를 중심으로」. 동국대학교 대학원 박사학위 논문.

박정배(2004). 대구 지하철 재해의 의료적 경험을 통한 재난관리체계의 문제점과 개선방안, 전북대학교 대학원 박사학위 논문.
방재연구소(2005). 재난관리계획 선진화를 위한 선진국 방재계획제도 연구 (일본의 재난관리체계), 방재연구소.
______(2006). 특정기관 재난관리체계 등의 평가방안 마련을 위한 기관별 업무분석 및 평가지표 개발, 방재연구소.
비상기획위원회(1993). 「비상대책업무편람」, pp. 190-191.
______(2006). 상시대비태세 정립을 위한 제도 및 법령 정비 방향.
삼척소방서(2006). 「소방방재분야 현장조치 행동매뉴얼」
______(2007). 「2007 삼척시 긴급구조대응계획」. 성은기획
삼척시(2006). 「자연재난 표준행동 매뉴얼」
______(2007). 「2007 안전관리계획」. 강원일보사
______(2007). 「풍수해재난 현장조치 행동매뉴얼」
소방방재청(2005). 국가자연재난 대응체계 기능혁신방안에 관한 연구
송인회(1997). 재난관리에 있어 지휘체계 개선에 관한 연구. 고려대학교 정책과학대학원 석사학위 논문.
아태공법학회(2003). 우리나라 재난관리체계의 문제점 및 개선방안: 재난관련법 개선방안을 중심으로, 아태공법학회.
안중석(2004). 우리나라 재난대응체제 구축방안에 관한 연구. 강원대학교 경영대학원 석사학위 논문.
양기근(2004). 「위기관리 조직학습체제에 관한 연구-한국과 미국의 사례 비교분석을 중심으로」. 경희대학교 대학원 박사학위 논문.
______(2005). 정부기능연계모델(BRM)을 통한 특정관리대상시설의 안전점검 개선방안. 「한국위기관리논집」, 1(2): 45-60.
양현모(2006). 재해사전예방 강화 및 투자확대 방안, 소방방재청
육군사관학교(2000). 「현장지휘론」. 서울: 육군사관학교.
이관형 외(1997). 재난현장 활동의 효율적인 대응체계구축 방안. 제10회 소방행정연찬대회.
이금순(2001). 남북한 재난관리 협력방안, 연구총서 01-06, 통일연구원
이기옥(1999). 재난현장의 효과적 지취체계. 부산대학교 행정대학원 석사학위 논문.
이상팔(1996). 위기관리체계의 지능적 실패에 의한 학습효과 분석-삼풍백화점 사고 전·후의 제도변화를 중심으로. 「한국행정학보」, 30(2): 113-127.

이승기(2000). 우리나라 재난대응체계의 문제점과 개선방안. 청주대학교 행정대학원 석사학위 논문.

이재욱 외(2005). 재난현장의 지휘체계 개선방안에 관한 연구-재난현장 지휘체계를 중심으로. 제17회 경기도 소방행정연찬대회.

이재은 외 공저(2006).「재난관리론」. 서울: 대영문화사.

이재은(2000.「한국의 위기관리정책에 관한 연구-집행구조의 다조직적 관계 분석을 중심으로」. 연세대학교 대학원 박사학위논문.

______(2002). 한국재해관리체계의 현황과 문제점, 충북대학교.

______(2005). 통합위기관리시스템의 효율화 방안.「한국위기관리논집」, 1(2): 25-43.

이종열·박광국·주효진(2003). 미국의 연방 소방행정조직체계의 현황과 문제점.「서울행정학회 춘계학술대회 발표논문집」. 183-196.

주효진·김옥일(2003).「재해·재난관리체계 통합방안-지방의 소방행정체계 설계방안을 중심으로」. 대구경북개발연구원 연구보고서 2003-16.

중앙소방학교(2003).「대형재난사례집」. 서울신문사.

채경석(2004).「위기관리정책론」. 서울: 대왕사.

채경석(2004). 지방정부의 재난관리체계에 대한 국가간 비교: 바람직한 재난관리체계의 모색.「지방정부연구」, 8(4): 129-145.

한국행정연구원(1995).「행정의 위기관리능력 제고 방안」. KIPA 연구보고 95-04.

한상대(2004).「지방자치단체 재난관리체제에 관한 연구」. 아주대학교 공공정책대학원 석사학위논문.

희망제작소 재난관리연구소(2007).「참여정부 국가 위기관리와 재난현장의 문제점 및 개선 방안」. 희망제작소 재난관리연구소 제3차 세미나 자료집. 서울: 희망제작소 재난관리연구소.

______(2007).「재난관리 자원봉사자의 수요와 필요 역량」. 희망제작소 재난관리연구소 제7차 세미나 자료집. 서울: 희망제작소 재난관리연구소.

긴급구조대응 활동 및 현장지휘에 관한 규칙(전부개정 2004.10.30 행정자치부령 제255호).

자연재해대책법(일부개정 2008.3.28 법률 제9001호).

재난 및 안전관리 기본법(일부개정 2008.2.29 법률 제8856호).

재난 및 안전관리 기본법 시행령(일부개정 2008.2.29 대통령령 제20741호).

재난 및 안전관리 기본법 시행규칙(일부개정 2008.3.4 행정안전부령 제1호).
재해대책제도 연구회(2003), 「일본의 방재행정」, ぎょうせい.
재해대책제도 연구회(2002), 「일본의 재해대책」, ぎょうせい.
東京防災指導協會(平成 12年), 「震災對策の現況」 東京: 中村印刷株式會社.
災害對策制硏究會(2002). 「日本の災害對策」. 東京ぎょうせい.
______(2003). 「圖解日本の防災行政」. 東京ぎょうせい.

Bass, B. M. (1985). *Leadership and Performance beyond Expectations*. New York: Free Press.

Bass, B. M. (1990). From transactional to transformational leadership: Learning to share the vision. *Organizational Dynamics*. 18. 19-31.

Bryman, Alan. (1992). "Leadership in Organizations", In *Handbook of Organization Studies*. 276-292.

Charles Fritz. (1961). Disaster In Contemporary Social Problems: An Introduction to the Sociology of Deviant Behavior and Social Organizations, ed. Robert K. Merton and Robert A. Nisbet. New York: Harcourt, Brace and World.

Clary, Bruce B. (1985). The Evolution and Structure of Natural Hazard Policies. *Public Administration Review*. 45(Special Issue, Jan.): 20-28.

Drabek, Thomas E. (1985). Managing the Emergency Response. Public Administration Review. 45(Special Issue, Jan.): 85-92.

FEMA. *The Federal Plan*, 2004.

French, Steven P. (1991). The Technical Feasibility of Risk Analysis. Raymond J. Burby(ed.). *Sharing Environmental Risks*: How to Control Governments' Losses in Natural Disasters. Boulder, Co: Westview Press, Inc.

Gary A. Kreps. (1986). Structure and Disaster. New York: University of Delaware Press.

McLoughlin, D. (1985). A Framework for Integrated Emergency Management. *Public Administration Review*. 45(Special Issue, Jan.): 165-172.

Mushkatel, A. H. & Weschler, L. F. 1985. Emergency System. *Public*

Administration Review. Vol. 45.

Petak, William J. (1985). Emergency Management: A Challenge for Public Administration. *Public Administration Review*. 45(Special Issue, Jan.): 3-7.

Pickett, John H. & Barbara A. Block. (1991). "Day-to-Day Management." In Thomas E. Drabek & Gerard J. Hoetmer(eds.), *Emergency Management: Principles and Practice for Local Government*. Washington, DC: International City Management Association.

William M. Kramer, and Charles W. Bahme(1995). *Fire Officer's guide to Disaster Control*, A Pennwell Publishing Company.

Yulk, G. A. (1981). Leadership in Organization, 2nd ed., Englewood Cliffs, N. J.: Prentice Hall, 1981: 7-10.

http://106.7.1.65:9100/sdt/main/Main.jsp(삼척시 재난관리시스템)

http://sid.safeworld.go.kr/sid(상황전파시스템)

http://www.safeworld.go.kr/(재난관리공동활용센터시스템)

http://www.korea119.go.kr/fire/firest/index.jsp(소방긴급구조 활동정보관리시스템)

http://www.korea119.go.kr/fire/firepre/index.jsp(소방예방정보관리시스템)

http://www.korea119.go.kr/fire/kms/index.html(소방지식정보시스템)

찾아보기

저자 약력

위금숙
동국대학교 컴퓨터공학 박사
현, 위기관리연구소 소장
(주) 크라이시스매니지먼트 대표

백민호
일본 요코하마국립대학 계획건설학 박사
현, 강원대학교 소방방재학부 교수

권건주
강원대학교 행정학 박사
현, 삼척시청 전략산업과
강원대학교 방재기술전문대학원 겸임교수

양기근
경희대학교 행정학 박사
현, 원광대학교 소방행정학부 교수

한국의 재난현장대응체계

-문제점과 향후 과제-

펴낸날 / 제1판 제1쇄 2009년 2월 20일
지은이 / 위금숙 · 백민호 · 권건주 · 양기근
펴낸이 / 임춘환
펴낸곳 / 도서출판 대영문화사
주소 / 서울 용산구 청파동 1가 178-2 ㊌ 140-869
등록 / 1975년 12월 26일 제3-16호
전화 / (02)716-3883, (02)714-3062
팩시밀리 / (02)703-3839
우체국 온라인 / 011353-02-009106

ISBN 978-89-7644-305-2
978-89-7644-300-7(전5권)

〔값 10,000원〕

* 잘못된 책은 바꾸어 드립니다.

* 이 연구는 POSCO 후원으로 수행되었습니다.